DaZ mit dem ganzen Körper

50 Bewegungsspiele zum Deutschlernen

Nina Wilkening

Impressum

Titel
DaZ mit dem ganzen Körper
50 Bewegungsspiele zum Deutschlernen

Autorin
Nina Wilkening

Titelbildmotiv
Norbert Höveler

Illustrationen
Icons: Wortschatz, Klemmbrett © Verlag an der Ruhr; alle anderen Icons: Anja Boretzki; sonstige Illustrationen im Innenteil: Anja Boretzki

Druck
Heenemann GmbH & Co. KG, Berlin, DE

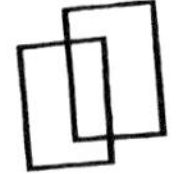

Verlag an der Ruhr
www.verlagruhr.de
info@verlagruhr.de

PEFC-zertifiziert
Dieses Produkt stammt aus nachhaltig bewirtschafteten Wäldern
www.pefc.de

Geeignet für die Klassen 1–4

Nachdruck 2025
ISBN 978-3-8346-3568-6

Inhaltsverzeichnis

Bewegungsspiele zur Wortschatzerweiterung und Wortschatzfestigung

Bewegungsspiele zu Wortarten

Inhaltsverzeichnis

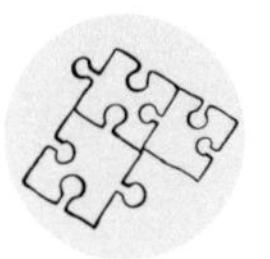

Bewegungsspiele zu einfachen Sätzen und Satzstrukturen

Anhang

Vorwort

Allzu oft bedeutet ein Schulvormittag für Ihre Schüler* stundenlanges Sitzen auf einem Stuhl, lediglich unterbrochen durch die Pausen, dem Gang zur Toilette oder dem Nachfragen beim Lehrer. Dies entspricht dem Bewegungsdrang der Schüler in keinster Weise. Je nach Witterung, z. B. an einem heißen Sommertag, fällt es den Schülern dann doppelt schwer, vor ihren Arbeitsblättern, Büchern und Heften sitzen zu bleiben, anstatt sich im Freien zu bewegen.

Mit Bewegungsspielen kann dem Unmut der Schüler, stundenlang sitzen zu müssen, aber auch den daraus resultierenden Haltungsschäden und Motorikdefiziten entgegengewirkt werden.

Deutschlerner stehen noch vor einer weiteren Herausforderung: Sie sind bei geringem Sprachstand häufig zu völlig teilnahmslosem Sitzen gezwungen – und sollen sich trotzdem neue Vokabeln und Sprachstrukturen einprägen. Sicherlich ist es in ihrem eigenen Interesse, die deutsche Sprache zu lernen, um sich mit anderen verständigen zu können. Dieses Interesse reicht aber als intrinsische Motivation nicht aus. Bewegungsspiele mit Lerninhalten machen Spaß und das Lernen geschieht quasi als nettes Nebenprodukt. Statt sich darüber zu ärgern, dass man, wie in manchen Schulen, eine weitere Stunde mit trockenem Deutschunterricht verbringen muss, freuen sich die Schüler darauf, wenn sie wieder „Deutsch spielen" dürfen. Sie sind begeistert, motiviert und behalten die Inhalte deutlich besser. Hierzu trägt auch bei, dass bei bewegtem Lernen mehrere Sinne angesprochen werden.

Die hier vorgestellten Spiele eignen sich nicht, um eine komplette Schulstunde auszufüllen. Sie sind vielmehr gedacht als Appetitanreger zu Beginn einer Stunde, als Belohnung am Ende oder als „Energizer" für zwischendurch. Die Dauer der Spiele liegt meist bei 5 bis 10 Minuten, so dass noch genügend Zeit ist, „richtigen" Unterricht anzuschließen.

Um die Freude am Spielen und Bewegen hochzuhalten und niemanden zu frustrieren, wird in diesem Buch ausdrücklich versucht, möglichst wenige Wettkampfspiele zu berücksichtigen. In den wenigen Fällen, in denen ein Spiel Wettkampfcharakter

---

* Der Verlag an der Ruhr legt großen Wert auf eine geschlechtergerechte und inklusive Sprache. Seit 2019 nutzen wir daher das Gendersternchen oder neutrale Formulierungen, um alle Menschen unabhängig von Geschlecht oder Geschlechtsidentität einzuschließen. In Texten für Schüler*innen finden sich aus didaktischen Gründen neutrale Begriffe bzw. Doppelformen. Titel, wie dieser, die erstmalig vor 2019 erschienen sind, enthalten noch das generische Maskulinum.

Vorwort

aufweist, wird in Gruppen gespielt, so dass keiner allein daran schuld wäre, wenn eine Gruppe verliert. Hier ist auch immer der Lehrer gefragt, der im Vorfeld darauf hinweist, dass es nicht um Gewinnen und Verlieren geht.

Zum Aufbau des Buches

Das Buch ist in drei Kapitel eingeteilt, Symbole leiten Sie durch die Kapitel:

Übungen zur Wortschatzerweiterung und Wortschatzfestigung

Wortarten

Einfache Sätze und Satzstrukturen

Zu jedem Spiel finden Sie eine Spielbeschreibung und im Anhang eventuell benötigte Kopiervorlagen für Zusatzmaterialien. Darüber hinaus brauchen die Spiele meist keine weiteren Materialien. Die wenigen Materialien, die doch benötigt werden, finden sich in jedem (Lehrer-)Haushalt.

Die Angaben zur Zeit, zum Ort, zur Zielgruppe und zum Lernziel erleichtern Ihnen die Einschätzung, ob das Spiel für Ihre Lerngruppe und Ihre örtlichen Voraussetzungen geeignet ist.

Unter der Rubrik „Vorbereitung“ können Sie lesen, wie viel Zusatzaufwand Sie investieren müssen, um das Spiel spielen zu können. Auch hier sind es nur sehr wenige Spiele, die einen Aufwand von mehr als 5 Minuten verlangen.

In der eigentlichen Spielbeschreibung „So geht es“ lesen Sie Schritt für Schritt, wie Sie vorgehen müssen.

Viele Spiele sind so gestaltet, dass Sie sie variieren können, um sie auf andere Themen und Inhalte übertragen zu können. Hinweise dazu erhalten Sie unter „Differenzierungshinweise und Varianten“. Hier finden Sie auch Hilfen für schwächere Schüler oder Herausforderungen für Leistungsstarke.

Ich wünsche Ihnen und Ihren Schülern viel Freude beim Spielen und Deutschlernen.

Nina Wilkening

Bewegungsspiele zur

Wortschatzerweiterung und Wortschatzfestigung

Allgemeine Tipps

Die erste Schwierigkeit, die sich Deutschlernern stellt, ist die Aneignung eines Wortschatzes. Dieser ist zunächst noch wichtiger als das Beherrschen von korrekten Grammatik- und Satzstrukturen. Wer das Wort „Toilette" kennt, kann sich verständlich machen, auch ohne sagen zu können „Darf ich bitte mal auf die Toilette" oder „Ich muss auf die Toilette". Ein Wort, eventuell mit entsprechender Betonung oder Mimik, sagt alles, was nötig ist, um verstanden zu werden.

Aber gerade die Aneignung eines Wortschatzes kann sehr trocken sein. Mit Schrecken erinnert man sich an die Vokabelpaukerei aus der eigenen Schulzeit.

Mit abwechslungsreichen Bewegungsspielen wird der Langeweile vorgebeugt.

Im folgenden Kapitel finden Sie Anregungen für die wichtigsten Wortfelder, die die Schüler kennen lernen sollten, z. B.

- der Körper
- die Familie
- Schulsachen
- Obst und Gemüse

Die letzten Anregungen sind Bewegungsspiele, die Sie für einen beliebigen Wortschatz einsetzen können. So haben Sie die Freiheit, zwischen unterschiedlichen Spielen zu wählen, egal, welches inhaltliche Thema Sie gerade behandeln.

Salat-Spiel

1

Wortschatz

Das bereiten Sie vor

① Kopieren Sie die „KV Obst- und Gemüse-Bildkarten" viermal. Entscheiden Sie sich dann für Obst oder Gemüse.

② Schneiden Sie die Karten auseinander.

③ Wählen Sie Obst- oder Gemüsesorten aus. Bei einer normalen Klassenstärke von z. B. 20 Schülern wählen Sie fünf Sorten aus. Jede Sorte ist dann mit 4 Karten vertreten. Bei einer kleineren Gruppengröße, z. B. 10 Schülern, wählen Sie 5 Sorten mit je 2 Karten aus.

So geht es

① Treffen Sie sich mit den Kindern im Stuhlkreis.

② Geben Sie jedem Kind eine Karte.

③ Fordern Sie die Kinder auf, der Reihe nach zu sagen, welches Obst/Gemüse sie auf ihrer Karte sehen, z. B. „Ich habe eine Birne."

④ Beginnen Sie die erste Spielrunde: Stellen Sie sich in die Mitte und nennen Sie eine Obstsorte (bzw. Gemüsesorte), z. B. „Birne". Alle Kinder, die eine Birne-Bildkarte in der Hand halten, tauschen die Plätze. Während die Kinder tauschen, versuchen Sie sich auf einen freien Stuhl zu setzen.

⑤ Ein Kind bleibt übrig. Es stellt sich, so wie Sie zuvor, in die Mitte und nennt eine andere Obstsorte (bzw. Gemüsesorte), z. B. „Kirsche". Wieder wechseln alle Kinder, die eine Kirsch-Karte in der Hand halten, die Plätze und das Kind in der Mitte ergattert sich einen freien Platz.

⑥ Wenn ein Kind „Obstsalat" (bzw. „Gemüsesalat") sagt, wechseln alle Kinder, egal, welche Obstsorte (bzw. Gemüsesorte) auf ihrer Karte abgebildet ist, den Platz.

⑦ Unterbrechen Sie ab und zu das Spiel, indem Sie „Stopp" sagen. Fordern Sie die Kinder auf, ihre Karten untereinander zu tauschen (z. B. indem jeder seine Karte

Thema:
Wortschatz „Obst und Gemüse"

Zielgruppe:
Anfänger ohne Lesekenntnisse

Ziel:
Schüler erweitern und festigen den Wortschatz zum Thema „Obst und Gemüse"

Ort:
Klassenzimmer

Dauer:
5–10 Minuten

Sozialform:
Großgruppe

Material:
KV Obst- und Gemüse-Bildkarten (S. 82)

Salat-Spiel

an den rechten Nachbarn weitergibt). Fordern Sie die Kinder erneut auf, der Reihe nach die Obstsorte (bzw. Gemüsesorte) auf ihrer Karte zu benennen, bevor Sie eine weitere Runde spielen.

Variante

Sie können auch mit anderen Bildkarten oder Gegenständen das „Salat-Spiel“ spielen (z. B. Süßigkeitensalat, Spielzeugsalat etc.). Die Regeln sind dieselben, es muss nur darauf geachtet werden, dass alle Bildkarten oder Gegenstände mehrfach zur Verfügung stehen.

Differenzierung

① Wählen Sie wenige Bilder und üben Sie diese vor dem Spiel intensiv.

② Wenn Sie Schüler mit wenigen Deutschkenntnissen haben, die über Lesefähigkeiten verfügen, können Sie die Begriffe unter die Karten schreiben, so dass diese sie immer wieder nachlesen können.

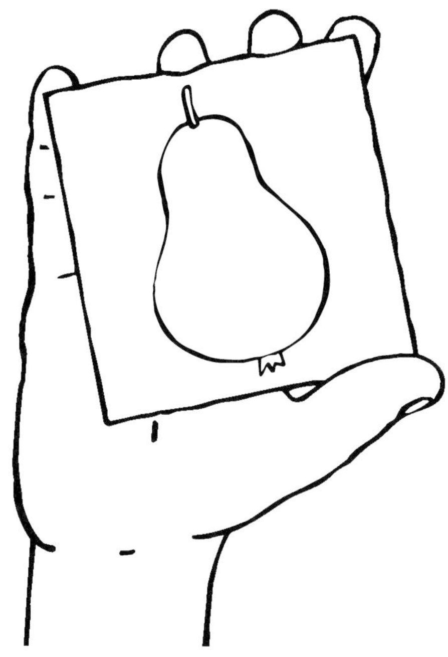

Familie Meier

2

Wortschatz

Das bereiten Sie vor

① Kopieren Sie die Bilder („KV Familie Meier-Bildkarten") groß (ca. Faktor 122%) und schneiden Sie diese aus. Stellen Sie für jedes Bild einen Magnet bereit, um das Bild an die Tafel hängen zu können.

② Kopieren Sie die „KV Familie Meier-Geschichte" und halten Sie diese bereit oder schlagen Sie die Seite im Buch auf.

So geht es

① Treffen Sie sich mit den Schülern im Stuhlkreis. Stellen Sie den Schülern die Familienmitglieder mit Bild und deren Bewegungen vor:
Mutter → Blumen plücken
Vater → telefonieren
Oma → mit dem linken Arm eine Rührschüssel formen, mit dem rechten rühren
Opa → winkt
Sohn → mit dem Fuß einen Fußball kicken
Tochter → mit der Bürste die Haare kämmen

② Zeigen Sie auf ein Bild und fordern Sie die Schüler auf, das Familienmitglied zu benennen und die Bewegung nachzuahmen. Machen Sie dies so lange, bis die Begriffe und Bewegungen „sitzen".

③ Zeigen Sie nacheinander abwechselnd auf die Bilder und die Schüler: Schüler 1 ist Mutter, Schüler 2 Vater usw.

④ Lesen Sie den Text langsam vor. Jedes Mal, wenn Sie den Namen eines Familienmitgliedes vorlesen, stehen alle Kinder, die dieses Familienmitglied darstellen, auf und machen die passende Bewegung dazu. Lesen Sie „Familie Meier" vor, stehen alle auf und machen die Bewegungen.

⑤ Sie können den Text auch mehrfach vorlesen und zuvor die Rollen tauschen.

Thema:
Wortschatz „Familie"

Zielgruppe:
Anfänger ohne Lesekenntnisse

Ziel:
Schüler erweitern und festigen den Wortschatz zum Thema „Familie"

Ort:
Klassenzimmer

Dauer:
5–10 Minuten

Sozialform:
Kleingruppe mit 6 Kindern oder Großgruppe

Material:
⊙ KV Familie Meier-Bildkarten (S. 83)
⊙ KV Familie Meier-Geschichte (S. 84)

3

Körperteile-Fangen

Thema:
Wortschatz „Körper“

Zielgruppe:
Anfänger ohne Lesekenntnisse

Ziel:
Schüler erweitern und festigen den Wortschatz zum Thema „Körper“

Ort:
Schulhof oder Sporthalle

Dauer:
5–10 Minuten

Sozialform:
Großgruppe

Material:
–

So geht es

① Nennen Sie ein Körperteil. Jedes Kind berührt dieses Körperteil bei sich.

② Bestimmen Sie einen oder mehrere Fänger.

③ Benennen Sie für die erste Runde ein Körperteil, „z. B. Rücken“. Geben Sie durch „Los“ oder ein akustisches Zeichen (z. B. Anschlagen einer Trommel) das Zeichen zum Spielbeginn.

④ Die Kinder rennen über den Schulhof bzw. durch die Sporthalle. Der Fänger fängt die Schüler, indem er das jeweilige Körperteil (z. B. Rücken) SANFT berührt und es dazu laut benennt (z. B. „Rücken“). Wer gefangen wurde, versteinert. Andere Schüler können die gefangenen Schüler befreien, indem sie ihnen SANFT über das jeweilige Körperteil streichen und dieses dabei benennen.

⑤ Beenden Sie die Spielrunde durch ein akustisches Signal, oder indem Sie „Stopp“ rufen, nach ein bis zwei Minuten, spätestens aber, wenn alle Kinder gefangen wurden. Alle Kinder kommen zusammen. Sie bestimmen einen bzw. mehrere neue Fänger und nennen das nächste Körperteil, das vom Fänger berührt werden muss.

Differenzierung

Sollten die Schüler sehr geringe Deutschkenntnisse besitzen, kann es sinnvoll sein, das jeweilige Körperteil, das berührt werden soll, mit einem Band zu kennzeichnen, denn die Fänger müssen schließlich wissen, wo sie hinfassen müssen, um jemanden zu fangen.

Tiere tauschen

Das bereiten Sie vor

① Kopieren Sie die „KV Tiere tauschen-Karten“ so oft, dass jedes Kind eine Karte bekommt.

② Schneiden Sie die Karten aus.

So geht es

① Treffen Sie sich mit den Schülern im Stehkreis.

② Zeigen Sie den Schülern alle Karten einzeln und fordern Sie die Schüler auf, die abgebildeten Tiere zu benennen und ihren jeweiligen Laut nachzuahmen, z. B. „Wie heißt das Tier? Was macht das Tier?“ Die Schüler antworten: „Das ist eine Kuh. Die Kuh sagt ‚muh‘.“ Wiederholen Sie den Satz gemeinsam mit allen Schülern.

③ Verteilen Sie die Karten an die Kinder. Jedes Kind bekommt eine Karte.

④ Die Kinder gehen durch den Raum. Wenn sie auf ein anderes Kind treffen, bleiben sie stehen, befragen sich gegenseitig nach den Tieren und stellen diese vor, z. B.
Schüler 1: „Wie heißt dein Tier?“
Schüler 2: „Mein Tier heißt ‚Kuh‘. Wie heißt dein Tier?“
Schüler 1: „Mein Tier heißt ‚Elefant‘. Was sagt dein Tier?“
Schüler 2: „Mein Tier sagt ‚muh‘. Was sagt dein Tier?“
Schüler 2: „Mein Tier sagt ‚törö‘.“

⑤ Anschließend tauschen die Kinder ihre Karten und suchen sich einen neuen Partner. Gehen Sie während des Spiels herum und hören Sie zu, ob die Kinder die richtigen Sätze sagen. Helfen Sie bei Bedarf.

Varianten

① Erweitern Sie die Palette der Tiere. Malen Sie weitere Bilder bzw. fordern Sie die Kinder auf, weitere Bilder zu malen, die ins Spiel miteinbezogen werden.

Thema:
Wortschatz „Tiere“

Zielgruppe:
Anfänger ohne Lesekenntnisse

Ziel:
Schüler erweitern und festigen den Wortschatz zum Thema „Tiere“

Ort:
Klassenzimmer

Dauer:
5–10 Minuten

Sozialform:
Großgruppe

Material:
KV Tiere tauschen-Karten (S. 85)

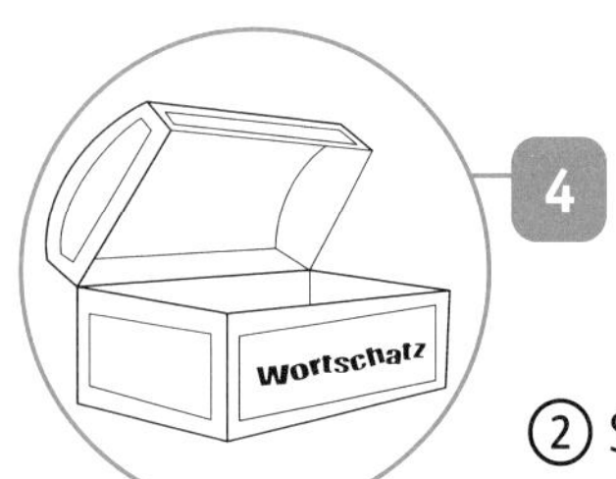

4 Tiere tauschen

② Statt der Tierlaute können Sie auch die Verben der Tiersprache (miauen, bellen, wiehern etc.) von den Schülern nennen lassen.

Differenzierung

① Bei einzelnen schwachen Schülern können Sie als Hilfsperson immer in der Nähe stehen. Das Kind kann Sie dann fragen, wenn es sich nicht sicher ist.

② Es kann für die Kinder hilfreich sein, wenn Sie die Karten groß kopieren und an die Tafel hängen. Lassen Sie sich von den Schülern die Namen der Tiere und die Tierlaute nennen und schreiben Sie diese unter die Karten, so dass sie als optische Hilfe dienen.

Gefühle-Rap

Das bereiten Sie vor

Kopieren Sie die „KV Gefühle-Rap“ oder schlagen Sie die Seite im Buch auf.

So geht es

① Lesen Sie den Schülern den „Gefühle-Rap“ vor und führen Sie die angegebenen Bewegungen aus.

② Fordern Sie die Schüler auf, den „Gefühle-Rap“ mitzumachen.

③ Sie können die Schüler auch in Gruppen einteilen, die miteinander kommunizieren.

Thema:
Wortschatz „Gefühle“

Zielgruppe:
Anfänger ohne Lesekenntnisse

Ziel:
Schüler erweitern und festigen den Wortschatz zum Thema „Gefühle“

Ort:
Klassenzimmer

Dauer:
5–10 Minuten

Sozialform:
Partnerarbeit oder Großgruppe

Material:
KV Gefühle-Rap (S. 86)

6

Wetter-Massage

Thema:
Wortschatz „Wetter“

Zielgruppe:
Anfänger mit Lesekenntnissen oder ohne Lesekenntnisse

Ziel:
Schüler erweitern und festigen den Wortschatz zum Thema „Wetter“

Ort:
Klassenzimmer oder Turnhalle

Dauer:
5–10 Minuten

Sozialform:
Partnerarbeit oder Großgruppe

Material:
KV Wetter-Massage (S. 87)

Das bereiten Sie vor

Schlagen Sie die Seite „KV Wetter-Massage“ auf oder kopieren Sie die Seite und halten Sie den Text bereit.

So geht es

① Besprechen Sie mit den Schülern, welche Wetterphänomene es gibt, malen Sie passende Symbole an die Tafel und schreiben Sie die entsprechenden Begriffe darunter (Sonne, Wolken, Regen, Sturm, Hagel, Gewitter etc.).

② Überlegen Sie gemeinsam mit den Schülern, wie man die Wetterphänomene als Bewegung innerhalb einer Partnermassage darstellen könnte (z. B. Sonne: mit warmen Händen über den Rücken streichen). Verabreden Sie für jedes Wetterphänomen eine Bewegung oder übernehmen Sie die Bewegungen vom Text („KV Wetter-Massage“).

③ Stellen Sie klar, dass eine Massage etwas Angenehmes sein soll und daher nicht zu fest „massiert“ werden darf.

④ Fordern Sie die Schüler auf, sich zu Paaren zusammenzufinden. Haben Sie eine ungerade Schüleranzahl, können entweder Sie ein Kind massieren oder Sie bitten die Schüler, sich in einen Kreis zu setzen. Dann müssen sich die Schüler in der ersten Runde so drehen, dass sie den jeweils rechten Nachbarn massieren können, in der zweiten Runde den jeweils linken. So wird jeder Schüler gleichzeitig massiert und massiert selbst.

⑤ Lesen Sie den Text vor. Die Schüler hören zu und führen die verabredeten Bewegungen auf dem Rücken des Partners aus. Lassen Sie zwischen den einzelnen Textzeilen genügend Zeit, damit die Schüler intensiv massieren können.

⑥ Wechseln Sie anschließend und führen eine zweite Runde durch.

Wetter-Massage

6 Wortschatz

Differenzierung

Haben Sie einzelne schwache Schüler, kann es sinnvoll sein, dass die Massage mit Blick zur Tafel stattfindet. Die Schüler können dann an der Tafel sehen, um welches Wetterphänomen es sich handelt.

7

Bewegungsgeschichte „Tagesablauf“

Thema:
Wortschatz „Tagesablauf“, Struktur Tagesablauf

Zielgruppe:
Anfänger ohne Lesekenntnisse

Ziel:
Die Schüler kennen einen typischen Tagesablauf und prägen sich Zeitbegriffe (morgens, mittags, abends, nachts) und typische Tätigkeiten ein

Ort:
Klassenzimmer

Dauer:
5–10 Minuten

Sozialform:
Großgruppe

Material:
KV Bewegungsgeschichte „Tagesablauf“ (S. 88/89)

Das bereiten Sie vor

Kopieren Sie die „KV Bewegungsgeschichte ‚Tagesab lauf‘“ oder schlagen Sie die Seite im Buch auf. Lesen Sie sich die Bewegungsgeschichte mehrfach durch und prägen Sie sich die Bewegungen ein.

So geht es

Lesen Sie die Bewegungsgeschichte laut vor und machen Sie dabei die Bewegungen vor. Stoppen Sie nach jeder Zeile. Die Schüler wiederholen die Zeile und machen die Bewegungen nach.

Variante

Besprechen Sie mit den Schülern, wie deren Tagesablauf aussieht. Schreiben Sie mit den Schülern eine eigene Bewegungsgeschichte und erfinden Sie dazu passende Bewegungen.

Fischer, Fischer, welche Fahne weht heute?

8

So geht es

① Wiederholen bzw. erarbeiten Sie mit den Kindern die Farben. Nennen Sie eine Farbe und fordern Sie die Schüler nacheinander auf, diese Farbe bei sich selbst (z. B. an T-Shirt, Hose oder Schuhen) zu suchen und allen zu zeigen.

② Wählen Sie einen Fänger (Fischer) aus, der sich an einem Sporthallenende aufstellt. Stellen Sie sich mit allen übrigen Schülern am anderen Ende der Sporthalle auf.

③ Rufen Sie gemeinsam mit den Schülern „Fischer, Fischer, welche Fahne weht heute?"

④ Der Fischer antwortet, indem er eine Farbe (z. B. „Rot") nennt.

⑤ Alle Schüler laufen dem Fischer entgegen. Dieser versucht, möglichst viele Kinder zu fangen, die ein Kleidungsstück tragen, dessen Farbe er genannt hat. Alle anderen Kinder können beruhigt die Seite wechseln, da sie nicht befürchten müssen, gefangen zu werden.

⑥ Alle Kinder, die gefangen wurden, schließen sich dem Fischer an und entscheiden mit ihm, welche Farbe als nächste genannt werden soll.

⑦ Die Spielrunde ist beendet, wenn alle Kinder gefangen wurden.

Varianten

① Beziehen Sie auch Haarfarbe und Augenfarbe mit ein. Damit es keine Unfälle gibt, sollten die Kinder, wenn nach der Augenfarbe gefragt wird, gehen anstatt zu rennen und sich zuvor von einem anderen Kind sagen lassen, welche Augenfarbe sie haben.

Thema:
Wortschatz „Farben"

Zielgruppe:
Anfänger ohne Lesekenntnisse

Ziel:
Schüler erweitern und festigen den Wortschatz zum Thema „Farben"

Ort:
Schulhof oder Sporthalle

Dauer:
5–10 Minute

Sozialform:
Großgruppe

Material:
–

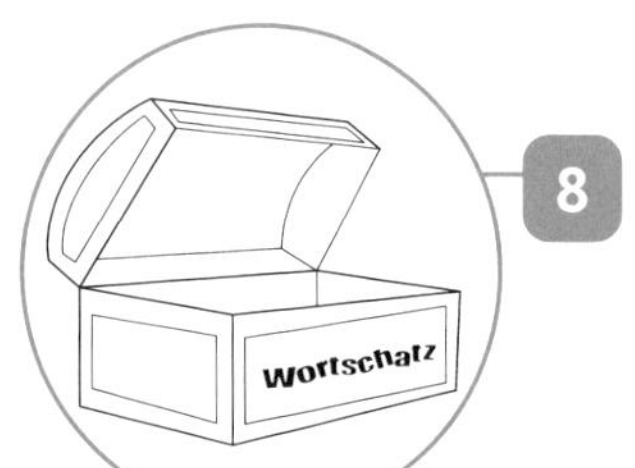

8

Fischer, Fischer, welche Fahne weht heute?

② Sie können das Spiel auch nutzen, um andere Inhalte zu üben: lange Haare – kurze Haare, Brille – keine Brille, Mädchen – Junge; je nach Gruppenzusammensetzung Nationalität, Wohnort (wenn es in der Gruppe Schüler aus verschiedenen Ortsteilen gibt, die z. B. mit dem Bus zur Schule kommen). Lassen Sie auch die Schüler neue Ideen finden.

Differenzierung

Halten Sie Farbkarten (z. B. DIN-A4-Tonpapier) in den wichtigsten Farben bereit und zeigen Sie die jeweils passende hoch, so dass unsichere Kinder „abgucken" können.

Atom-Spiel

9

Das bereiten Sie vor

Stellen Sie evtl. einen Gegenstand für ein akustisches Signal (Trommel, Glocke etc.) bereit.

So geht es

① Die Schüler laufen durch die Sporthalle oder über den Schulhof. Auf ein akustisches Signal von Ihnen (das kann auch ein lautes „Stopp“ sein), halten alle Schüler an. Geben Sie vor, in welcher Konstellation die Schüler sich zu Grüppchen zusammenfinden sollen, z. B. „3 Mädchen oder 3 Jungen“, „4 Füße“.

Wenn Sie Körperteile ansagen, müssen diese den Boden berühren: „5 Füße und 2 Hände“ bedeutet demnach, dass sich 3 Kinder zusammentun müssen, wobei ein Schüler ein Bein heben muss und ein Schüler mit beiden Händen den Boden berühren muss. Denkbar wäre außerdem, dass die beiden Hände von einem vierten Schüler stammen, der einen Handstand macht. Die Schüler sollen eigene, kreative Möglichkeiten finden.

② Haben sich alle Gruppen gebildet (es kann passieren, dass Schüler übrig bleiben), überprüfen Sie gemeinsam mit allen Schülern, ob die Aufgabe richtig erfüllt wurde.

③ Geben Sie ein weiteres akustisches Zeichen, auf das hin die Schüler wieder durch die Sporthalle oder über den Schulhof rennen, bis Sie die nächste Ansage machen.

Variante

Sie können auch den Wortschatz „Farben“ festigen, indem Sie Ansagen machen wie: „drei blaue Hosen“, „fünf schwarze Schuhe“.

Thema:
Wortschatz „Zahlen“ und „Körper“

Zielgruppe:
Anfänger ohne Lesekenntnisse

Ziel:
Schüler erweitern und festigen den Wortschatz zu den Themen „Zahlen“ und „Körper“

Ort:
Schulhof oder Sporthalle

Dauer:
5–10 Minuten

Sozialform:
Großgruppe

Material:
–

Wortschatz

9 Atom-Spiel

Differenzierung

① Wenn Sie Schüler mit sehr geringen Deutschkenntnissen haben, ist es sinnvoll, im Vorfeld mehrere DIN-A4-Blätter mit Zahlen und Körperteilen zu beschriften:
z. B. Bild eines Armes mit einer 1 darunter, Bild von zwei Armen und einer 2 darunter usw. Sie können dann, passend zu Ihrer Ansage, die entsprechenden Bilder hochhalten.

② Für leistungsstärkere Gruppen bietet es sich an, nicht nur die „einfachen" Körperteile wie Bein, Hand, Po, Ohr zu benennen, sondern auch Unterschenkel, Ellenbogen etc.

Schulhaus-Rallye

10

Wortschatz

Das bereiten Sie vor

① Bereiten Sie ca. 10 Zettel vor, auf die Sie Anweisungen wie diese schreiben: „Geht bis zur nächsten Ecke und biegt nach links ab“ oder „Geht zum Büro des Hausmeisters“. Wählen Sie bei konkreten Ortsanweisungen markante Stationen (Toilette, Hausmeisterbüro, Zimmer des Rektors, Lehrerzimmer, Klassenzimmer einer anderen Klasse, Küche etc.) und planen Sie mit den Stationen einen Rundgang durchs Schulhaus, der entweder am Klassenzimmer oder an einem besonderen Ort (z. B. der Sporthalle, wenn Sie dort mit der Klasse ein weiteres Bewegungsspiel machen wollen) endet.

② Schreiben Sie auf die Rückseite der Anweisungszettel jeweils eine Aufgabe, die die Schüler erfüllen müssen, ehe sie den nächsten Hinweis (nächste Anweisung) bekommen. Die Aufgaben können aus dem DaZ-Bereich stammen (z. B. Rätselfrage zum aktuell geübten Wortschatz: „Wie nennt man ein großes graues Tier mit langem Rüssel?“ – Schülerantwort „Elefant.“) oder aber Mathematik- („Wie viel ist 10–3?“ – Schülerantwort: „7.“) oder Sportaufgaben („Macht zehn Kniebeugen.“) sein.

So geht es

① Starten Sie mit den Kindern an der Klassenzimmertür. Lesen Sie den Kindern zunächst eine Aufgabe vor und fordern Sie die Schüler auf, diese zu bearbeiten. Als Belohnung erhalten die Schüler den ersten Hinweis. Lesen Sie ihn vor.

② Die Schüler nennen die erste Station und gehen dort gemeinsam mit Ihnen hin. Lesen Sie dort die nächste Aufgabe vor. Dies geht so lange, bis Sie mit den Schülern wieder im Klassenzimmer oder am besonderen Ort sind.

Thema:
Wortschatz „Schule“ und „Orientierung“

Zielgruppe:
Anfänger und Fortgeschrittene mit Lesekenntnissen und ohne Lesekenntnisse

Ziel:
Schüler erweitern und festigen den Wortschatz zu den Themen „Schule“ und „Orientierung“

Ort:
Schulgebäude

Dauer:
10–15 Minuten

Sozialform:
Klein- oder Großgruppe

Material:
vorbereitete Zettel

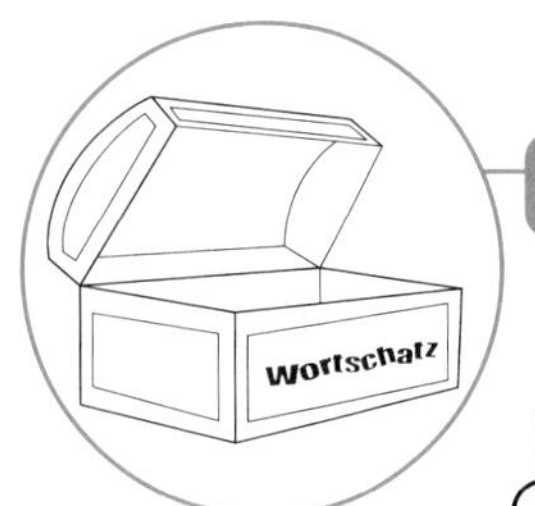

10 Schulhaus-Rallye

Differenzierung

① Wählen Sie wenige oder einfache Stationen für Schüler mit geringen Deutschkenntnissen.

② Machen Sie die Anweisungen „kniffliger“ für Schüler mit guten Deutschkenntnissen: Überlassen Sie die Vorbereitung den Schülern, die in Gruppen Anweisungen und Aufgaben ausarbeiten. Führen Sie die Schulhaus-Rallye gemeinsam oder in Gruppen (die Zettel werden unter den Gruppen getauscht, je ein Schüler der Ursprungsgruppe übernimmt die Rolle des Lehrers) durch.

Reise nach Jerusalem

11

Das bereiten Sie vor

Stellen Sie einen CD-Player und eine Musik-CD bereit.

So geht es

① Stellen Sie mit den Schülern eine Stuhlreihe wie beim Kinderspiel „Die Reise nach Jerusalem" mit maximal 10 Stühlen auf.

② Wählen Sie 11 Schüler aus, die sich um die Stuhlreihe herum aufstellen. Geben Sie die Laufrichtung vor. Stellen Sie die Musik an.

③ Stoppen Sie nach ca. 30–40 Sekunden die Musik und rufen Sie den Schülern einen Gegenstand zu, der zum Wortschatz „Schulsachen" gehört, mehrfach im Klassenraum vorhanden und transportabel ist (z. B. Heft, Frühstücksdose, Federmäppchen, Füller, Mathebuch).

④ Sobald die Schüler den Gegenstand gehört haben, laufen sie los, holen ihn und setzen sich auf einen Stuhl in der Stuhlreihe. Die Kinder, die gerade nicht mitspielen, dürfen ihre Klassenkameraden unterstützen und die Gegenstände reichen, müssen aber am Platz sitzen bleiben.

⑤ Sind alle Stühle besetzt, bleibt ein Kind übrig, das ausscheidet. Überprüfen Sie, ob alle sitzenden Kinder auch den geforderten Gegenstand geholt haben.

⑥ Bevor die nächste Runde beginnt, werden die Materialien wieder aufgeräumt. Nutzen Sie die Zeit, um einen Stuhl aus der Stuhlreihe zu entfernen.

⑦ Das Spiel ist zu Ende, wenn nur noch ein Kind übrig ist.

Sinnvoll ist es, wenn Sie das Spiel mehrfach spielen, so dass alle Kinder einmal um die Stuhlreihe laufen dürfen. Da die nicht spielenden Kinder ihre Freunde unterstützen dürfen, üben auch sie anstatt sich zu langweilen.

Thema:
Wortschatz „Schulsachen"

Zielgruppe:
Anfänger ohne Lesekenntnisse

Ziel:
Schüler erweitern und festigen den Wortschatz zum Thema „Schulsachen"

Ort:
Klassenzimmer

Dauer:
10–15 Minuten

Sozialform:
Großgruppe

Material:
CD-Player + CD

11 Reise nach Jerusalem

Variante

Statt Schulsachen können Sie auch Dinge wie Schuhe, Haarspangen, Jacken, Taschentücher etc. wählen.

Differenzierung

① Eine Differenzierung für schwache Schüler ist automatisch gegeben, da die nicht spielenden Kinder sie unterstützen. Alternativ kann man auch Gruppen bilden. Jedes Kind darf dann nur in seiner Gruppe einen Gegenstand besorgen. Achten Sie dabei darauf, dass mindestens ein leistungsstarkes Kind unter den nicht spielenden Kindern ist.

② Außerdem können Sie eine Bildkarte mit dem geforderten Gegenstand an die Tafel hängen oder den geforderten Gegenstand hochhalten.

③ Für schwache Gruppen ist es außerdem sinnvoll, die Gegenstände vorher auf den Tisch zu legen. So müssen die Kinder nur aus der vorhandenen Auswahl den richtigen Gegenstand suchen.

Hobby-Pantomime

12

So geht es

① Rufen Sie einen Schüler zu sich.

② Dieser stellt sich vor die Klasse und führt für sein Hobby typische Bewegungen vor.

③ Stellen Sie eine Frage, z. B. „Ist dein Hobby Fußballspielen?". Fordern Sie die anderen Schüler auf, ebenfalls nach dem Hobby des Schülers zu fragen. Der Schüler sollte passend antworten: „Ja, mein Hobby ist Fußballspielen." Oder „Nein, mein Hobby ist nicht Fußballspielen."

④ Derjenige Schüler, der das Hobby errät, darf nach vorn kommen und sein Hobby pantomimisch darstellen.

Thema:
Wortschatz „Hobbys"

Zielgruppe:
Anfänger ohne Lesekenntnisse

Ziel:
Schüler erweitern und festigen den Wortschatz zum Thema „Hobbys"

Ort:
Klassenzimmer

Dauer:
5–10 Minuten

Sozialform:
Klein- oder Großgruppe

Material:
–

13

Blinde Kuh

Thema:
Wortschatz „Haushaltsgegenstände"

Zielgruppe:
Anfänger ohne Lesekenntnisse

Ziel:
Schüler erweitern und festigen den Wortschatz zum Thema „Haushaltsgegenstände"

Ort:
Klassenzimmer

Dauer:
5–10 Minuten

Sozialform:
Klein- oder Großgruppe

Material:
- Haushaltsgegenstände: Stumpfe Gabel, stumpfes Messer (z. B. aus Plastik), Löffel, Teller, Tasse etc.
- Kiste oder Stoffbeutel
- Tuch zum Augenverbinden

Das bereiten Sie vor

Stellen Sie die Materialien zusammen. Diese sollten für die Kinder nicht sichtbar in der Kiste oder im Sack sein.

So geht es

① Bitten Sie einen Schüler zu sich nach vorn.

② Verbinden Sie dem Schüler mit dem Tuch die Augen.

③ Reichen Sie dem Schüler einen Gegenstand aus der Kiste/dem Sack.

④ Der Schüler fühlt den Gegenstand und versucht, ihn zu erraten.

⑤ Hat er ihn erraten, darf er das Tuch abnehmen. Nun ist der nächste Schüler dran.

Variante

Spiel in der Kleingruppe: Packen Sie Kisten/Säcke mit Gegenständen, die Sie in die Gruppen geben. Der erste Schüler nimmt einen Gegenstand aus der Kiste/dem Sack und gibt ihn seinem rechten Nachbarn, der die Augen verbunden oder geschlossen hat. Hat dieser den Gegenstand erraten, sucht er einen für seinen rechten Nachbarn aus, der dann ebenfalls die Augen verbunden hat.

Polizisten-Spiel

14

So geht es

① Schicken Sie ein Kind (Polizist) vor die Tür.

② Wählen Sie ein weiteres Kind (Dieb) aus. Alle Kinder der Klasse sollten wissen, dass dieses Kind ausgesucht wurde.

③ Fordern Sie den Dieb und drei weitere Kinder (Verdächtige) auf, sich vor die Tafel zu stellen.

④ Holen Sie den Polizisten wieder herein.

⑤ Der Polizist versucht nun, durch Befragen der Zeugen (alle Kinder, die noch sitzen) herauszufinden, welches Kind der Dieb war. Er fragt nach Kleidungsstücken und Farben, z. B.:

- „Hat der Dieb ein grünes T-Shirt?"
- „Hat der Dieb eine blaue Hose?"

⑥ Hat der Polizist eine Idee, darf er einen Verdächtigen fragen: „Bist du der Dieb?". Das Kind antwortet: „Ja, ich bin der Dieb." Oder „Nein, ich bin nicht der Dieb." Damit ist die Spielrunde zu Ende.

⑦ In der nächsten Spielrunde wird der ehemalige Dieb zum Polizisten.

Thema:
Wortschatz „Kleidung" und „Farben"

Zielgruppe:
Anfänger ohne Lesekenntnisse

Ziel:
Schüler erweitern und festigen den Wortschatz zu den Themen „Kleidung" und „Farben" und üben Frage-Antwort-Konstruktionen

Ort:
Klassenzimmer

Dauer:
2–3 Minuten pro Spielrunde

Sozialform:
Klein- oder Großgruppe

Material:
–

15

Riech-Pärchenspiel

Thema:
Wortschatz „Nahrungsmittel" und „Dinge des Haushalts"

Zielgruppe:
Anfänger ohne Lesekenntnisse

Ziel:
Schüler merken sich Wörter durch Eindruck eines Duftes

Ort:
Klassenzimmer

Dauer:
5–10 Minuten

Sozialform:
Gruppen von 2–4 Schülern

Material:
- Filmdöschen (oder mit Alufolie verschlossene Jogurtbecher)
- „duftende" Füllungen in kleinen Mengen für die Döschen, z. B. Seife, Kaffee etc.

Das bereiten Sie vor

Geben Sie in jeweils zwei Filmdöschen den gleichen Inhalt.

So geht es

① Das Spiel wird allein oder in einer Gruppe von zwei bis vier Schülern gespielt.

② Die Filmdöschen werden in einer Reihe auf den Tisch gestellt.

③ Der erste Schüler öffnet den Deckel einer Filmdose leicht und riecht. Er darf noch an einer weiteren riechen. Riechen beide Dosen gleich, darf er nachgucken und sie behalten. Er hat ein Paar gefunden.

④ Nun ist der Partner bzw. ein anderer Schüler der Gruppe dran. Es wird nach den üblichen Memory-Regeln gespielt.

Womit soll ich fahren?

16

So geht es

① Setzen Sie sich mit den Kindern in einen Stuhlkreis. Der Stuhl rechts neben Ihnen muss frei sein.

② Beginnen Sie und sagen Sie: „Mein rechter, rechter Platz ist frei, da wünsch' ich mir den (Name eines Schülers, z. B. Ali) herbei."

Der Schüler (Ali) antwortet: „Womit soll ich fahren?"

Sie antworten: „Du sollst mit dem (Zug/Flugzeug/Auto/Schiff/Fahrrad) fahren."

③ Der Schüler (Ali) sagt: „Ich fahre mit dem Zug/(ich fliege) mit dem Flugzeug/mit dem Auto/mit dem Schiff/mit dem Fahrrad." Er geht zu Ihnen und macht dabei für das jeweilige Gefährt passende Geräusche und Gesten.

Zug = tsch-tsch-tsch (die Arme anwinkeln und nach vorn und hinten bewegen – wie früher bei einer Dampflok); Flugzeug = pffffff (die Arme vom Körper wegstrecken, so dass sie wie Tragflächen aussehen); Auto = brummmmmm (ein imaginäres Lenkrad in der Hand halten und drehen); Schiff = pf-pf-pf (die Handflächen vor dem Körper zusammennehmen, Schlangenlinien formen – wie ein Schiff, das durch Wellen gleitet); Fahrrad = klingelingeling (einen imaginären Fahrradlenker festhalten)

④ Nun ist neben einem anderen Kind der rechte Platz frei. Dieses Kind sagt wie Sie zuvor: „Mein rechter, rechter Platz ist frei …"

Differenzierung

Hängen Sie Bildkarten der Fahrzeuge an die Tafel oder malen Sie Bilder der Fahrzeuge. Stellen Sie sich während des Spiels neben die Tafel und zeigen Sie auf das gewünschte Bild bzw. erlauben Sie schwachen Schülern, zur Tafel zu gehen und darauf zu zeigen. Helfen Sie dann beim Formulieren des Satzes.

Thema:
Wortschatz „Fahrzeuge"

Zielgruppe:
Anfänger ohne Lesekenntnisse

Ziel:
Schüler bilden einfache Sätze und erweitern und festigen den Wortschatz zum Thema „Fahrzeuge"

Ort:
Klassenzimmer

Dauer:
5–10 Minuten

Sozialform:
Klein- oder Großgruppe

Material:
–

17

Stadtbummel im Klassenzimmer

Thema:
Wortschatz „Orte in der Stadt“ und „Dinge des Alltags“

Zielgruppe:
Anfänger und Fortgeschrittene

Ziel:
Schüler kennen Orte in der Stadt und können einfache Sätze formulieren

Ort:
Klassenzimmer

Dauer:
10–15 Minuten

Sozialform:
Großgruppe, immer zwei Schüler bilden ein Paar

Material:
- Karten „KV Stadtbummel im Klassenzimmer“ (S. 90)
- ein Würfel

Das bereiten Sie vor

① Kopieren Sie die Karten „KV Stadtbummel im Klassenzimmer“ und schneiden Sie die Karten auseinander.

② Hängen Sie die großen Karten an verschiedenen Stellen im Klassenzimmer auf.

③ Sortieren Sie die kleinen Karten von 1–12.

So geht es

① Das Spiel wird im Klassenverband gespielt, wobei immer zwei Kinder ein Paar bilden. Spieler A würfelt, Spieler B läuft.

② Alle Spieler B stellen sich hintereinander in eine Reihe.

③ Geben Sie demjenigen Schüler, der ganz vorn in der Reihe steht, eine kleine Karte und fragen Sie ihn: „Was brauchst du und wohin musst du gehen?“

Der Schüler antwortet z. B.: „Ich brauche Brot. Ich muss in die Bäckerei gehen.“

④ Bitten Sie den Partner dieses Schülers (Spieler A) zu sich. Er würfelt. Der gewürfelten Augenzahl entsprechend macht Spieler B Schritte in Richtung seines Ziels (hier: Bäckerei) und wartet, bis er wieder an der Reihe ist.

⑤ Geben Sie nun nacheinander allen anderen Schülern in der Reihe (Spieler B) ihre Karte und bitten Sie deren Partner (Spieler A), zu würfeln. Sind alle Schüler aus der Reihe dran gewesen, beginnen Sie wieder bei dem Schüler, der die Karte Nummer 1 hat. Fragen Sie diesen erneut, was er braucht und wohin er gehen muss.
Er antwortet wie oben, sein Partner würfelt.

Stadtbummel im Klassenzimmer

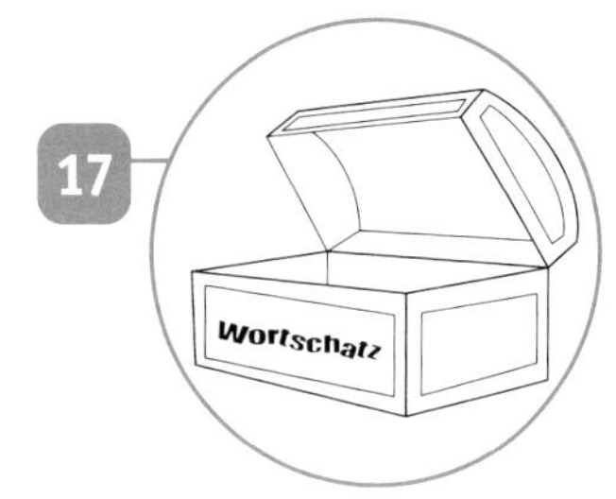

⑥ Gewonnen hat das Schülerpaar, dessen Spieler B sein Ziel als Erster erreicht hat.

Variante

In kleinen Gruppen spielen die Schüler nicht paarweise, sondern allein. Gehen Sie dann zum jeweiligen Schüler und lassen ihn würfeln, würfeln Sie für alle Schüler oder bestimmen Sie einen Schüler, der statt mitzuspielen „Würfler“ wird.

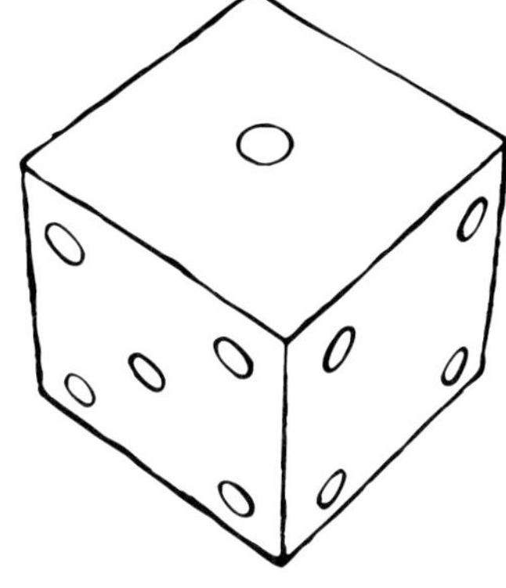

18

Reimwörter-Fangen

Thema:
Reimwörter

Zielgruppe:
Fortgeschrittene ohne Lesekenntnisse

Ziel:
Schüler üben Reimwörter

Ort:
Schulhof oder Turnhalle

Dauer:
5–10 Minuten

Sozialform:
Großgruppe, immer zwei Schüler bilden ein Paar

Material:
Für die Differenzierung: selbst gestaltete Bildkarten

Das bereiten Sie vor

Für die Differenzierung: Bildkarten, s. u.

So geht es

① Wählen Sie einen Fänger aus.

② Die Schüler laufen durch die Turnhalle oder über den Schulhof. Wer gefangen wird, ist versteinert.

③ Wer gefangen wurde, kann von einem anderen Schüler befreit werden, indem dieser sich neben den gefangenen Schüler stellt, ihm seine Hand auf die Schulter legt und ihm ein Wort nennt. Der gefangene Schüler kommt frei, wenn er ein Reimwort zu diesem Wort kennt (z. B. Hase – Nase). In der Zeit, in der ein Schüler einen anderen befreien will, darf der Fänger beide nicht fangen.

④ Beenden Sie die Spielrunde nach einiger Zeit und wechseln Sie die Fänger. Die Spielrunde ist auch dann beendet, wenn alle Schüler gefangen wurden.

Differenzierung

Haben Sie hauptsächlich schwache Deutschlerner, können Sie diese unterstützen, indem Sie zuvor gemeinsam reimen und/oder indem Sie den Schülern Bildkarten mit Reimwörtern zur Verfügung stellen. Auf den Karten sollten sich dann mehrere Bilder von Wörtern befinden, die sich reimen (z. B. Dose – Hose – Rose oder Nase – Hase – Vase).

Freunde einsammeln

19

Das bereiten Sie vor

① Kopieren Sie die „KV Freunde einsammeln-Karten" und schneiden Sie die Wortkarten aus.

② Verteilen Sie die Wortkarten an verschiedenen Plätzen im Klassenzimmer oder der Sporthalle.

So geht es

① Teilen Sie die Klasse in vier Gruppen ein.

② Jede Gruppe sucht sich einen Platz, der ihr Lager darstellt. Jede Gruppe repräsentiert ein Wortfeld. Erklären Sie den Schülern, dass die Gruppen „Freunde" (Wortkarten) einsammeln sollen.

③ Auf Ihr Kommando („Auf die Plätze, fertig, los!") laufen alle Schüler durch das Klassenzimmer oder die Sporthalle und sammeln die Wortkarten, die zu ihrem Wortfeld passen, ein.

④ Hat eine Gruppe alle acht Wortkarten in ihrem Lager gesammelt, ruft die Gruppe laut „Stopp". Alle Gruppen kehren in ihre Lager zurück. Gemeinsam wird überprüft, ob die Siegergruppe die richtigen Karten gesammelt hat.

Differenzierung

Wenn Ihre Schüler nicht lesen können, können Sie auch Bild- statt Wortkarten verwenden. Dann ist es allerdings einfacher, nur mit Nomen zu arbeiten.

Thema:
Wortfeld-Arbeit

Zielgruppe:
Lerner, die über Lesekenntnisse verfügen

Ziel:
Schüler finden Wörter, die zu einem bestimmten Wortfeld passen

Ort:
Klassenzimmer oder Turnhalle

Dauer:
10–15 Minuten

Sozialform:
Großgruppe, Klasse wird in vier Gruppen eingeteilt

Material:
KV Freunde einsammeln-Karten (S. 91)

20

Alle Vögel fliegen hoch

Thema:
Wortfeld-Arbeit

Zielgruppe:
Anfänger und Fortgeschrittene ohne Lesekenntnisse

Ziel:
Schüler kennen Wörter eines bestimmten Wortfeldes

Ort:
Klassenzimmer

Dauer:
5–10 Minuten

Sozialform:
Klein- oder Großgruppe

Material:
–

So geht es

① Vereinbaren Sie mit den Schülern ein Wortfeld (z. B. „Obst").

② Trommeln Sie mit beiden Zeigefingern auf den Tisch und sagen Sie „Alle Vögel fliegen hoch". Fügen Sie ein Wort aus dem zu übenden Wortfeld (z. B. „Birne") hinzu und strecken Sie dabei die Finger hoch in die Luft. Die Schüler machen mit.

③ Sollten Sie einen Begriff nennen, der nicht zum Wortfeld gehört, strecken nur Sie die Finger hoch, die Schüler lassen diese jedoch unten.

Beispiel:
Sie sagen: „Alle Vögel fliegen hoch – die Birne", die Schüler strecken die Finger hoch.
Sie sagen: „Alle Vögel fliegen hoch – der Schmetterling", die Schüler lassen die Finger unten.

④ Diejenigen Schüler, die aus Versehen die Finger hochgestreckt haben, scheiden aus und machen nicht mehr mit.

⑤ Das Spiel ist zu Ende, wenn alle Schüler ausgeschieden sind.

Variante

Die Schüler spielen in der Kleingruppe. Ein Schüler übernimmt die Lehrerrolle. Die Spielrunden sind kürzer, so dass jeder Schüler einmal die Lehrerrolle übernehmen kann.

Plopp-Spiel

21

So geht es

① Schreiben Sie 5–10 Begriffe des zu übenden Wortschatzes an die Tafel (z. B. Obstsorten). Alternativ können Sie auch Bilder malen, Bildkarten aufhängen oder Gegenstände nebeneinander auf einen Tisch legen. Schreiben Sie am Ende der Reihe mit bunter Kreide das Wort „PLOPP".

② Stellen Sie sich mit den Schülern in einen Stehkreis.

③ Beginnen Sie: Zeigen Sie auf das erste Wort/Bild oder den ersten Gegenstand und benennen Sie dieses/diesen.

④ Zeigen Sie auf das/den nächste/n Wort/Bild/Gegenstand, der Schüler links neben Ihnen benennt diesen. Dies geht so lange, bis alle Wörter/Bilder/Gegenstände benannt wurden.

⑤ Der Schüler, der dann dran ist, lässt sich mit einem lauten „Plopp" auf den Boden plumpsen.

⑥ Der nächste Schüler beginnt wieder beim ersten Wort/Bild/Gegenstand. Das Spiel setzt sich so fort, bis alle Schüler, bis auf einen, auf dem Boden sitzen.

Variante

Die Schüler spielen das Spiel in Kleingruppen. Dabei sind mehrere Durchgänge möglich.

Thema:
Wortschatzfestigung zu verschiedenen Themen

Zielgruppe:
Anfänger und Fortgeschrittene mit Lesekenntnissen und ohne Lesekenntnisse

Ziel:
Schüler festigen die Nomen eines bestimmten Wortschatzes

Ort:
Klassenzimmer

Dauer:
5–10 Minuten

Sozialform:
Klein- oder Großgruppe

Material:
Tafel, Kreide oder Gegenstände oder Bildkarten

22

Aufgepasst, zugefasst!

Thema:
Wortschatzfestigung zu verschiedenen Themen

Zielgruppe:
Anfänger ohne Lesekenntnisse

Ziel:
Schüler festigen einen beliebigen Wortschatz

Ort:
Klassenzimmer

Dauer:
5–10 Minuten

Sozialform:
Klein- oder Großgruppe, es wird immer paarweise gespielt

Material:
- Tafel oder Tisch
- Bildkarten oder Gegenstände eines beliebigen Wortschatzes

Das bereiten Sie vor

Stellen Sie die Materialien bereit.

So geht es

① Hängen Sie die Bildkarten durcheinander an die Tafel oder legen Sie die Gegenstände durcheinander auf einen Tisch.

② Wählen Sie zwei Schüler aus, die sich vor die Tafel/vor den Tisch stellen.

③ Sagen Sie „Aufgepasst, zugefasst“ und nennen Sie dann einen Gegenstand, der auf einer Bildkarte abgebildet ist oder auf dem Tisch liegt (also z. B.: „Aufgepasst, zugefasst – die Kreide.“).

④ Beide Schüler versuchen nun, blitzschnell die Bildkarte/den Gegenstand zu berühren. Gewonnen hat derjenige, dem dies zuerst gelingt.

⑤ Spielen Sie pro Schülerpaar drei Runden.

⑥ Jedes Kind bestimmt anschließend ein anderes Kind, das nach vorn kommen darf.

Variante

Lustiger ist es, wenn die Schüler zum Klatschen auf die Bildkarten eine Fliegenklatsche in die Hand bekommen.

Wortschatz-Rallye

Das bereiten Sie vor

Stellen Sie die Materialien bereit.

So geht es

① Legen Sie die Materialien in der Turnhalle oder dem Schulhof aus.

② Gehen Sie mit den Schülern herum, schauen Sie sich gemeinsam alle Materialien an und lassen Sie diese von den Schülern benennen.

③ Teilen Sie die Klasse in 2–4 Gruppen ein. Jede Gruppe bildet eine Reihe und stellt sich hintereinander auf.

④ Nennen Sie einen der Gegenstände (z. B. Mathematikbuch). Die Schüler, die in den Reihen an vorderster Stelle stehen, laufen möglichst schnell zum/r genannten Gegenstand/Bildkarte (Mathematikbuch). Wer zuerst dort ist, darf den Gegenstand/die Bildkarte mit in seine Gruppe nehmen.

Wenn alle Gegenstände/Bildkarten „eingesammelt" wurden, ist das Spiel beendet. Gewonnen hat diejenige Gruppe, die am meisten Gegenstände/Bildkarten gesammelt hat.

Thema:
Wortschatzfestigung zu verschiedenen Themen

Zielgruppe:
Anfänger ohne Lesekenntnisse

Ziel:
Schüler festigen einen beliebigen Wortschatz

Ort:
Schulhof oder Turnhalle

Dauer:
5–10 Minuten

Sozialform:
Großgruppe, es spielen 2–4 Gruppen

Material:
Gegenstände oder Bildkarten des zu übenden Wortschatzes

Bewegungsspiele zu

Wortarten

Allgemeine Tipps

Die Unterscheidung der Wortarten Nomen, Verb und Adjektiv sowie deren spezifische Gesetzmäßigkeiten stehen im Mittelpunkt dieses Kapitels. Für jede Wortart gibt es mehrere Spielvorschläge, z. B.:

Verben:

- ⊙ 24. Bewegungen weitergeben
- ⊙ 26. Verben konjugieren mit Bewegungen

Adjektive:

- ⊙ 31. Gegensatz-Staffellauf
- ⊙ 33. Steigerungs-Line-up

Nomen:

- ⊙ 34. Artikel 1, 2 oder 3
- ⊙ 36. Schleich-Pärchenspiel (Nomen in der Einzahl und Mehrzahl)

Am Ende des Kapitels werden auch noch die sehr wichtigen Präpositionen geübt. Und schließlich gibt es das Chaos-Spiel und das Post-Spiel, in denen es darum geht, die drei Wortarten Nomen, Verb und Adjektiv zu bestimmen.

Bewegungen weitergeben

24

So geht es

① Stellen Sie mit den Schülern einen Stehkreis.

② Wenden Sie sich Ihrem linken Nachbarn zu, nennen Sie ihm ein Bewegungsverb (z. B. „rufen") und machen Sie eine passende Bewegung dazu (z. B. Hände wie einen Trichter vor den Mund halten). Ihr linker Nachbar wendet sich seinem linken Nachbarn zu, nennt das Wort und gibt die Bewegung weiter. Dies kann in der ersten Runde so lange gehen, bis die Bewegung wieder bei Ihnen angekommen ist.

③ Haben die Schüler das Prinzip verstanden, können Sie in kurzer Abfolge mehrere Bewegungen nacheinander herumschicken (z. B. die nächste Bewegung abschicken, sobald die erste beim vierten Schüler angekommen ist).

④ Rufen Sie dann, wenn mehrere Bewegungen im Kreis sind, „Stopp", sprechen Sie einzelne Schüler an und fragen Sie diese: „Ali, was machst du gerade?" Der Schüler antwortet: „Ich rufe." Und führt die entsprechende Bewegung aus.

Beispiele für Bewegungsverben:
gähnen, laufen, winken, husten, schnarchen, weinen, den Kopf schütteln, lesen, Gitarre spielen, Flöte spielen, die Haare kämmen, pfeifen, Fenster putzen (mit einem imaginären Lappen ein Fenster putzen), Rad fahren, Hände waschen …

Variante

Besonders schwierig wird es, wenn Sie sowohl nach links als auch nach rechts Bewegungen schicken.

Thema:
Bewegungsverben

Zielgruppe:
Anfänger ohne Lesekenntnisse

Ziel:
Schüler prägen sich Bewegungsverben handelnd ein

Ort:
Klassenzimmer

Dauer:
5–10 Minuten

Sozialform:
Großgruppe

Material:
–

Adjektiv Nomen Verb

25

Simon sagt ...

Thema:
Befehlsformen von Bewegungsverben

Zielgruppe:
Anfänger ohne Lesekenntnisse

Ziel:
Schüler formulieren Befehlsformen von Bewegungsverben

Ort:
Klassenzimmer

Dauer:
5–10 Minuten

Sozialform:
Partnerarbeit, Klein- oder Großgruppe

Material:
–

So geht es

① Stellen Sie sich vor die Klasse. Erklären Sie den Schülern die Spielregeln: Sie sagen immer den Satz „Simon sagt ...“ und fügen einen Imperativ an (z. B.: „Simon sagt: Steht auf!“). Während Sie alle Handlungen, die Sie „befehlen“, selbst durchführen, müssen die Schüler genau darauf achten, ob Sie zuvor „Simon sagt“ gesagt haben oder nicht.

Beispiel:
Sie sagen: „Simon sagt: Steht auf!“ – alle Schüler stehen auf.
Sie sagen: „Steht auf!“ – die Schüler stehen nicht auf.

② Jedes Mal, wenn Sie „Simon sagt“ nicht gesagt haben, wird es einige Schüler geben, die die Handlung trotzdem ausgeführt haben. Diese Schüler scheiden aus und setzen sich auf ihren Platz.

③ Das Spiel ist beendet, wenn alle Schüler ausgeschieden sind.

④ Bitten Sie in der nächsten Runde einen Schüler, Ihre Rolle zu übernehmen.

Beispiele für Bewegungen in der Befehlsform:
„Steht auf!“
„Setzt euch!“
„Hebt einen Arm!“
„Streckt ein Bein aus!“
„Hüpft einmal auf der Stelle!“
„Dreht euch einmal um euch selbst!“
„Geht in die Knie!“
„Schreit ‚Hurra!‘“
„Wackelt mit dem Kopf!“
„Setzt euch auf den Tisch!“

Simon sagt ...

Variante

① Die Schüler spielen in Kleingruppen. Sie spielen mehrere Runden und wechseln sich bei der Lehrerrolle ab.

② Die Schüler spielen paarweise. Schüler 1 übernimmt die Lehrerrolle, Schüler 2 die Schülerrolle. Eine Runde ist beendet, wenn Schüler 2 einen Fehler gemacht hat. Dann werden die Rollen getauscht.

Nomen Adjektiv Verb

26

Verben konjugieren mit Bewegungen

Thema:
Verbkonjugationen

Zielgruppe:
Anfänger und Fortgeschrittene ohne Lesekenntnisse

Ziel:
Schüler konjugieren Verben

Ort:
Klassenzimmer

Dauer:
2–5 Minuten

Sozialform:
Partnerarbeit, Klein- oder Großgruppe

Material:
–

So geht es

① Konjugieren Sie ein Verb (z. B. gehen), machen Sie dazu die folgenden Bewegungen und fordern Sie die Kinder auf mitzumachen. Beispiel:

ich gehe → Bewegung: Zeigen Sie mit dem Zeigefinger auf sich selbst.
du gehst → Bewegung: Zeigen Sie mit dem Zeigefinger auf ein anderes Kind.
er/sie/es geht → Bewegung: Zeigen Sie auf einen Jungen (er), zeigen Sie auf ein Mädchen (sie), nehmen Sie die Arme vor dem Körper zusammen und schaukeln Sie ein imaginäres Baby (es).

wir gehen → Bewegung: Zeigen Sie mit dem Arm einen Kreis, der alle einschließt.
ihr geht → Bewegung: Zeigen Sie mit beiden Zeigefingern weit weg (z. B. auf Ihre Lerngruppe).
sie gehen → Bewegung: Formen Sie vor dem Körper mit beiden Armen einen großen Kreis (sie = alle/die ganze Welt).

② Konjugieren Sie mit den Schülern zusammen weitere Verben. Dies kann z. B. so geschehen:
Alle stehen im Kreis: Sie beginnen mit „Ich …“, ihr linker Nachbar macht weiter mit „du …“. Ist das erste Verb konjugiert, beginnt das nächste Kind mit einem neuen Verb. Dies geht so lange, bis alle Kinder dran waren.

Varianten

① Bitten Sie ein Kind nach vorn, das als „Vorturner“ ein Verb mit Bewegungen konjugiert. Alle Schüler sprechen mit und bewegen sich passend dazu.

② Lassen Sie Schülerpaare bilden: Die Schüler konjugieren gemeinsam, wobei sie sich abwechseln: Schüler 1: „ich …“, Schüler 2: „du …“, Schüler 1: „er/sie/es …“.

Frau Müller ruft Emre

27

So geht es

① Stellen Sie sich mit den Schülern in einen Stehkreis.

② Beginnen Sie:

- Schlagen Sie mit beiden Händen auf die Oberschenkel
- Klatschen Sie einmal vor dem Körper in Brusthöhe in die Hände
- Schnipsen Sie mit der rechten Hand und sagen Sie ihren Namen: „ … (z. B. Frau Müller)."
- Sagen Sie ohne eine Bewegung, aber in passender Tonlage und Lautstärke „ruft"/„flüstert"/„schreit"/ „schimpft"
- schnipsen Sie mit der linken Hand und nennen einen Schülernamen, z. B. „Emre" (Der ganze Satz heißt: „Frau Müller ruft Emre.")

③ Setzen Sie sich hin.

④ Nun ist der Schüler Emre, den Sie aufgerufen haben, dran. Er macht die Bewegungen und ruft ein anderes Kind („Emre ruft Hakan."). Anschließend setzt er sich hin.

⑤ Die erste Spielrunde ist beendet, wenn alle sitzen. Stellen Sie sich erneut mit den Schülern hin und wählen Sie ein anderes Verb aus dem Wortfeld „sagen".

Verben aus dem Wortfeld „sagen": sprechen, flüstern, rufen, schimpfen, schreien, singen, brüllen, klagen, fragen.

Thema:
Wortfeld „sagen"

Zielgruppe:
Fortgeschrittene Lerner (ab Klasse 2)

Ziel:
Schüler kennen die Bedeutung unterschiedlicher Verben des Wortfelds „sagen"

Ort:
Klassenzimmer

Dauer:
5–10 Minuten

Sozialform:
Klein- oder Großgruppe

Material:
–

28

Bewegungsskulpturen

Thema:
Bewegungsverben

Zielgruppe:
Anfänger und Fortgeschrittene

Ziel:
Schüler stellen Bewegungsverben in Form von Menschenskulpturen dar

Ort:
Klassenzimmer

Dauer:
5–10 Minuten

Sozialform:
Großgruppe

Material:
Tafel mit aufklappbaren Seitentafeln oder Kleiderständer und Tuch, so dass zwei nicht voneinander einsehbare Bereiche entstehen

So geht es

① Bitten Sie vier Schüler zu sich.

② Flüstern Sie ihnen ins Ohr, welche Bewegungsskulptur sie formen sollen.

③ Die Schüler gehen paarweise in einen nicht einsehbaren Bereich, z. B. hinter die aufgeklappte linke bzw. rechte Seitentafel.

④ Die Paare bekommen eine Minute Zeit, um die Bewegungsskulptur zu formen. Schüler 2 bewegt den Körper von Schüler 1 so, bis dieser aussieht wie die gewünschte Skulptur. Die Skulptur kann stehen, sitzen oder liegen.

⑤ Rufen Sie „Stopp“ und klappen Sie die Seitentafeln ein. Die „Schülerskulpturen“ erstarren.

⑥ Fordern Sie die Klasse auf, zu erraten, was die Skulptur darstellen soll (z. B. „Ali ist ein Fußballer“ oder „Ali spielt Fußball“). Die Schüler sollen auch erklären, woran sie das erkannt haben und was an den Skulpturen besonders gelungen ist.

⑦ Bitten Sie nun vier andere Schüler zu sich.

Beispiele für Bewegungsskulpturen:

- Sportarten: Fußball, Handball, Tennis, Inliner fahren
- Hobbys: lesen, Tablet spielen, malen
- sonstige Tätigkeiten: duschen, trinken, kochen, Zähne putzen, schlafen

Differenzierung

Manchmal ist es einfacher, wenn sich die Skulpturen auch bewegen dürfen, z. B. beim „Kochen“ (im Topf rühren)

Menschen-Pärchenspiel

29

Nomen Adjektiv Verb

So geht es

① Erklären Sie den Schülern das Spiel: Die Schüler sollen Merkmale finden, die sie mit einem anderen Schüler gemeinsam haben (z. B. blaue Augen, blonde Haare, kurze Haare, gelbes T-Shirt etc.).

② Stellen Sie sich vor die Tafel und suchen Sie einen Schüler, der mit Ihnen ein Merkmal teilt. Sagen Sie z. B.: „Samira passt zu mir, weil wir beide braune Haare haben. Unsere Haare sind braun."

③ Samira stellt sich neben Sie und ruft ein anderes Kind auf, mit dem sie ein Merkmal teilt. Dies geht so lange, bis alle Schüler der Klasse in der Reihe stehen.

④ Sollten am Ende Schüler übrig bleiben, die nicht zum letzten Schüler in der Reihe passen, können alle mithelfen und überlegen, ob diese Schüler sich an einer anderen Stelle „andocken" oder zwischen zwei Schüler stellen können (Tipp: Was fast immer passt, ist das Geschlecht: „Wir sind beide männlich/Jungen/weiblich/Mädchen.")

Variante

Teilen Sie die Klasse in kleine Gruppen mit bis zu sechs Schülern. Die Schüler spielen das Spiel wie oben erklärt. Vorteil ist, dass eine Spielrunde kürzer ist.
Sind die Gruppen unterschiedlich schnell, bitten Sie fertige Gruppen, Sätze aufzuschreiben, die aufzeigen, wer mit wem welches Merkmal teilt.

Differenzierung

Für sehr leistungsstarke Gruppen bietet es sich an, die Aufgabe schwieriger zu machen: Die Schüler müssen in zwei Merkmalen zusammenpassen.

Thema:
Adjektive

Zielgruppe:
Anfänger ohne Lesekenntnisse

Ziel:
Schüler kennen Adjektive zur Beschreibung von Personen und verwenden diese passend

Ort:
Klassenzimmer

Dauer:
5–10 Minuten

Sozialform:
Großgruppe

Material:
–

30

Fühlsack

Thema:
Adjektive

Zielgruppe:
Anfänger ohne Lesekenntnisse

Ziel:
Schüler kennen Adjektive zur Beschreibung von Eigenschaften von Dingen

Ort:
Klassenzimmer

Dauer:
5–10 Minuten

Sozialform:
Klein- oder Großgruppe

Material:
- einen Sack/Stoffbeutel
- mindestens für jedes Kind und für Sie einen Gegenstand (z. B. Löffel, Holzklötzchen, Bleistift, Radiergummi, Watte usw.)

Das bereiten Sie vor

Stellen Sie die Materialien bereit. Stecken Sie alle Materialien in den Sack und schließen Sie ihn anschließend.

So geht es

① Setzen Sie sich mit den Kindern in einen Sitz- oder Stuhlkreis.

② Greifen Sie in den Sack und beschreiben Sie einen Gegenstand, z. B.: „Mein Gegenstand fühlt sich sehr weich an. Man kann ihn auseinanderziehen und zusammendrücken. Was kann das wohl sein?"

③ Die Schüler äußern Tipps. Nach ein paar Tipps holen Sie den Gegenstand heraus und zeigen ihn.

③ Behalten Sie den Gegenstand auf ihrem Schoß und geben Sie den Fühlsack Ihrem linken Nachbarn, bei dem es nun genauso weitergeht.

Varianten

① Um den Wortschatz der Kinder zu festigen, wählen Sie nur wenige, eindeutige Gegenstände (Watte: weich; Holz: hart; Lineal: lang; Radiergummi: biegsam), zeigen Sie diese den Kindern, benennen Sie sie, geben Sie sie herum und suchen Sie mit den Kindern nach passenden Adjektiven, bevor Sie die Sachen in den Sack stecken. Spielen Sie anschließend wie oben beschrieben.

② Um den Themenbereich „Adjektive" zu festigen, geben Sie nur wenige Gegenstände (2–4 auf einmal) mit markanten Eigenschaften in den Sack. Jede Eigenschaft sollte möglichst nur einmal vorkommen (also nur ein harter, ein weicher, ein runder Gegenstand ...). Geben Sie den Sack einem Kind in die Hand und fordern Sie es auf, einen Gegenstand mit einer bestimmten Eigenschaft herauszusuchen, z. B. „Suche den harten Gegenstand". Anschließend kommen andere Gegenstände in den Sack.

Fühlsack

30

Nomen Adjektiv Verb

Differenzierung

Teilen Sie die Klasse in kleine Gruppen ein. Stellen Sie für jede Gruppe einen eigenen Sack zusammen. Die Schüler können nun beide Varianten in der Gruppe spielen. Sie können bei leistungsschwachen Gruppen mithelfen oder die Gruppen leistungsheterogen zusammenstellen, so dass sich die Schüler gegenseitig helfen können.

31

Gegensatz-Staffellauf

Thema:
Adjektive und Adverbien

Zielgruppe:
Fortgeschrittene mit Lesekenntnissen

Ziel:
Schüler bilden Gegensatzketten

Ort:
Turnhalle oder Schulhof (nur, wenn kein Wind weht!)

Dauer:
5–10 Minuten

Sozialform:
Großgruppe

Material:
- Karten von der „KV Gegensatz-Staffellauf" (S. 92)
- zwei kleine Kästen oder zwei Pylone (Verkehrshütchen)

Das bereiten Sie vor

① Kopieren Sie die KV zweimal und schneiden Sie die Karten aus. Mischen Sie die Karten und legen Sie die Karten von einer KV auf einen Stapel, die von der anderen KV auf einen anderen Stapel.

② Stellen Sie die beiden Kästen oder Pylonen an einem Hallenende auf derselben Höhe, aber voneinander entfernt auf.

So geht es

① Fordern Sie die Schüler auf, gleich große Mannschaften zu bilden. Anschließend stellen sich die Mannschaften gruppenweise auf.

② Verteilen Sie die Karten des einen Stapels an Mannschaft 1, die Karten des anderen Stapels an Mannschaft 2.

③ Auf Ihr Kommando („Los") rennt der Schüler, der die „Start"-Karte hat, zum Kästchen/Pylon und legt seine Karte dort ab. Er rennt wieder zurück und sagt seiner Mannschaft, welches Adjektiv bzw. Adverb auf seiner Karte stand.

④ Nun rennt derjenige Schüler, der die Karte mit dem Gegensatz-Adjektiv hat, los und legt seine Karte wie beim Domino an die Karte des Vorgängers. Er merkt sich das neue Adjektiv/Adverb, rennt zu seiner Gruppe zurück und nennt dieses.

Tipp: Weisen Sie die Schüler darauf hin, dass beide Gruppen dieselben Wörter haben und es daher sinnvoll ist, das Wort, zu dem ein Gegensatz-Adjektiv gesucht wird, zu flüstern. Außerdem darf, wie beim normalen Staffellauf, erst dann losgerannt werden, wenn der erste Schüler bei der Gruppe angekommen ist.

⑤ Gewonnen hat die Gruppe, die zuerst alle Karten in der richtigen Reihenfolge abgelegt hat.

Gegensatz-Staffellauf

31

Differenzierung

① Die Gruppen bekommen ihre Karten und stellen sich in der richtigen Reihenfolge auf. Dies ist dann allerdings schwieriger, wenn einzelne Kinder mehrere Karten in der Hand halten.

② Hat die Gruppe sich geordnet, rennt der erste Spieler los.

32

Drinnen- und Draußen-Forscher

Thema:
Adjektive

Zielgruppe:
Fortgeschrittene mit Lesekenntnissen

Ziel:
Schüler finden Dinge mit bestimmten Eigenschaften und formulieren passende Sätze

Ort:
verschiedene Orte möglich

Dauer:
ca. 30 Minuten (15 Min. Forschen, 15 Min. Vorstellung)

Sozialform:
Partnerarbeit

Material:
- KV Drinnen- und Draußen-Forscher (S. 93)
- pro Schülerpaar eine Tüte oder Kiste
- pro Schülerpaar ein Stift

Das bereiten Sie vor

Kopieren Sie für jeweils zwei Kinder eine Drinnen- und Draußen-Forscher-Liste.

So geht es

① Bitten Sie die Schüler, Paare zu bilden.

② Geben Sie jedem Schülerpaar die Liste und die Tüte/Kiste. Außerdem brauchen die Schüler einen Stift.

③ Verabreden Sie mit den Schülern, wo geforscht wird (z. B. im Klassenraum, Schulhaus, auf dem Schulhof, in der Turnhalle ...) und wie lange sie Zeit haben.

④ Lesen Sie gemeinsam die Liste durch und besprechen Sie Unklarheiten.

⑤ Schicken Sie die Kinder paarweise los. Diese suchen am vereinbarten Ort Dinge, die die auf der Liste beschriebenen Eigenschaften haben (z. B. etwas Hartes: ein Stock auf der Wiese). Gehen Sie mit zu diesem Ort. Die Gegenstände können in der Kiste/Tüte aufbewahrt werden.

⑥ Geben Sie den Schülern ein akustisches Zeichen, wenn die Zeit vorbei ist, und gehen Sie mit Ihnen ins Klassenzimmer zurück.

⑦ Bitten Sie die Schüler, ihre Gegenstände zu präsentieren und die jeweilige Eigenschaft zu benennen, z. B. „Wir haben einen Stock gefunden. Er ist hart.“

Ⓓ Geben Sie den Schülern nach der Vorstellung aller Gegenstände genug Zeit, diese wieder zurückzubringen.

Steigerungs-Line-up

33

So geht es

① Nennen Sie den Schülern ein Adjektiv, das gesteigert werden soll, z. B.: „groß", „klein", „alt", „jung", „lang" (Haare), „kurz" (Haare) …

② Alle Schüler kommen nach vorn und versuchen, vor der Tafel eine Steigerungsreihe zu bilden → z. B. Adjektiv „groß": Ganz links steht der kleinste Schüler, ganz rechts der größte.

③ Die Schüler bilden der Reihe nach einen passenden Satz. Der kleinste Schüler sagt: „Ich bin groß. … (der rechte Nachbar) ist größer als ich." Der zweite Schüler sagt: „Ich bin groß. Ich bin größer als … (linker Nachbar), aber … (rechter Nachbar) ist größer als ich." Dies geht so weiter bis zum letzten Schüler. Der sagt: „Ich bin größer als … (linker Nachbar). Keiner ist größer als ich. Ich bin der Größte."

Differenzierung

① Einfacher ist es, wenn Sie die Klasse in Kleingruppen (3–5 Schüler) aufteilen. Nennen Sie das zu steigernde Adjektiv, geben Sie den Schülern ca. 1 Minute Zeit und überprüfen Sie dann für jede Gruppe mit der ganzen Klasse, ob die Aufgabe richtig erfüllt wurde.

② Wenn Sie große Leistungsunterschiede in der Klasse haben, können Sie den Gruppen unterschiedlich schwere Aufgaben geben (Sortieren nach der Größe ist einfacher als Sortieren nach dem Alter oder der Anzahl der Geschwister – dann heißt es: „Ich habe 2 Geschwister. Du hast drei Geschwister, also hast du mehr.").

Thema:
Adjektive

Zielgruppe:
Anfänger ohne Lesekenntnisse

Ziel:
Schüler steigern Adjektive

Ort:
Klassenraum

Dauer:
2–3 Minuten pro Runde

Sozialform:
Klein- oder Großgruppe

Material:
–

Adjektiv
Nomen
Verb

34

Artikel 1, 2 oder 3

Thema:
Artikel

Zielgruppe:
Anfänger ohne Lesekenntnisse

Ziel:
Schüler können Nomen den passenden Artikel sicher zuordnen

Ort:
Klassenraum

Dauer:
5–10 Minuten

Sozialform:
Großgruppe

Material:
–

So geht es

① Schreiben Sie „1 der", „2 die" und „3 das" groß und weit entfernt voneinander nebeneinander an die Tafel.

② Wählen Sie drei bis fünf Schüler aus, die sich vor der Tafel aufstellen. Nennen Sie ein Nomen, z. B. „Blume". Sagen Sie langsam: „Eins, zwei oder drei – letzte Chance vorbei." Während Sie dies sagen, stellen sich die Schüler zu dem Artikel, den sie für richtig halten (bei Blume zu „die").

③ Überprüfen Sie gemeinsam, ob die Schüler richtig stehen. Dann stellen sich die Schüler wieder zurück und Sie nennen ihnen ein neues Nomen. Wechseln Sie nach einiger Zeit die Schüler.

Varianten

① Spielen Sie das Spiel in Gruppen. Teilen Sie die Klasse in zwei bis vier Gruppen ein. Die Mitglieder einer Gruppe stellen sich hintereinander auf. Jeweils die ersten in der Gruppe rennen zur Tafel.

② Spielen Sie das Spiel mit der ganzen Klasse. Schreiben Sie die Artikel auf verschiedene Tafeln oder auf Blätter, die Sie an verschiedenen Stellen (Tür, Tafel, Schrank etc.) anbringen. Die Orte sollten weit entfernt voneinander liegen und so viel Platz bieten, dass alle Schüler sich dort hinstellen können. Wenn Sie sehr viele Schüler in der Klasse haben, können Sie auch mehrere Orte für einen Artikel auswählen oder das Spiel wie „Feuer, Wasser, Sturm" in der Turnhalle spielen.

Partner finden

35

Das bereiten Sie vor

Kopieren Sie die „KV Partner finden“ und schneiden Sie so viele Karten aus, wie Sie Schüler in der Klasse haben. Bei einer ungeraden Schülerzahl spielen Sie mit. Mischen Sie die Karten.

So geht es

① Verteilen Sie die Karten an die Schüler. Auf Ihr Kommando suchen alle ihren Partner. Wer seinen Partner gefunden hat, stellt sich mit ihm zusammen vor der Tafel auf.

② Wenn alle Paare gefunden wurden, fordern Sie die Schüler auf, sich vorzustellen. Wenn Sie mitspielen, beginnen Sie mit Ihrem Partner, z. B. so:
Sie: „Ich bin das Brot.“
Ihr Partner: „Ich bin die Butter.“
Gemeinsam sagen Sie: „Zusammen sind wir das Butterbrot.“

③ Alle anderen Schülerpaare stellen sich ebenfalls vor.

④ Zur Festigung können Sie die Paarungen auch an die Tafel schreiben und von den Schülern aufschreiben lassen: das Brot + die Butter = das Butterbrot

Variante

Im Anschluss können Sie das Nomenkettenspiel spielen: Alle setzen sich in einen Kreis. Der Erste beginnt und nennt ein zusammengesetztes Nomen, z. B. „Türschloss“. Der nächste Schüler bildet mit dem zweiten Nomen der ersten Zusammensetzung eine neue Zusammensetzung, z. B. „Schlossgespenst“. Dies geht so lange, bis einem Schüler kein weiteres Glied in der Kette einfällt und auch niemand anderes helfen kann. Dann wird eine neue Kette begonnen.

Thema:
Zusammengesetzte Nomen

Zielgruppe:
Fortgeschrittene (ab Klasse 2)

Ziel:
Schüler lernen Komposita kennen und wissen, dass sich der Artikel nach dem zweiten Nomen richtet

Ort:
Klassenraum

Dauer:
5–10 Minuten

Sozialform:
Großgruppe

Material:
Karten von der „KV Partner finden“ (S. 94)

Adjektiv Nomen Verb

36

Schleich-Pärchenspiel

Thema:
Nomen in Ein- und Mehrzahl

Zielgruppe:
Anfänger ohne Lesekenntnisse

Ziel:
Schüler kennen bestimmte Nomen in Ein- und Mehrzahl

Ort:
Klassenzimmer

Dauer:
10–15 Minuten

Sozialform:
Großgruppe

Material:

- Sack/Stoffbeutel (Variante: je Gruppe 1 Sack/ Stoffbeutel)
- Karten von der „KV Schleich-Pärchenspiel" (S. 95/96), kopiert und geschnitten (Variante: Karten für jede Gruppe)

Das bereiten Sie vor

Kopieren Sie die KV und schneiden Sie die Karten auseinander. Verteilen Sie die Mehrzahl-Karten im Klassenzimmer, hängen oder legen Sie diese an gut sichtbaren Orten aus (z. B. an der Tafel, auf dem Fensterbrett, am Schrank). Achten Sie darauf, dass die Karten mit der Rückseite nach oben bzw. nach vorn liegen bzw. hängen. Stecken Sie die Einzahl-Karten in den Sack/ Stoffbeutel.

Variante: Verteilen Sie die Einzahl-Karten im Klassenzimmer; stecken Sie die Mehrzahl-Karten in die Säcke/ Stoffbeutel.

So geht es

① Setzen Sie sich mit den Schülern in einen Sitzkreis.

② Ziehen Sie eine Karte aus dem Sack und lesen Sie diese vor (z. B. „ein Apfel"). Schauen Sie sich im Zimmer um und gehen Sie zu einer Karte. Drehen Sie diese um und lesen Sie vor, was darauf steht. Passt die Karte zu Ihrer („die Äpfel"), haben Sie ein Paar und dürfen beide Karten behalten. Falls die Karte nicht zu Ihrer passt (z. B. „zwei Häuser"), lassen Sie die Karte an ihrem Platz, gehen zu Ihrem Stuhl zurück und stecken die Einzahl-Karte wieder in den Sack.

③ Geben Sie den Sack an das Kind links neben sich. Das Kind zieht ebenfalls eine Karte, liest diese vor und sucht im Zimmer die passende zweite Karte.

④ Das Spiel ist beendet, wenn alle Karten-Paare gefunden wurden.

Schleich-Pärchenspiel

36

Variante

Spielen Sie das Spiel in Kleingruppen. Kopieren Sie für jede Gruppe einen Kartensatz auf farbiges Papier. Achten Sie darauf, dass jede Gruppe eine andere Farbe bekommt. Geben Sie jeder Gruppe einen Sack und hängen Sie die farbigen Karten durcheinander im Klassenzimmer auf. Die Schüler spielen das Spiel wie oben beschrieben. Der Vorteil ist, dass die Schüler häufiger drankommen. Der Nachteil besteht darin, dass es lauter und „wuseliger" wird, weil die Gruppen sich gleichzeitig im Klassenzimmer bewegen.

37

Was gehört zusammen?

Thema:
Zusammen-hängende Wörter

Zielgruppe:
Anfänger ohne Lesekenntnisse

Ziel:
Schüler entdecken Zusammengehörendes und drücken dies in Sätzen aus

Ort:
Klassenzimmer

Dauer:
5–10 Minuten

Sozialform:
Klein- oder Großgruppe

Material:
- doppelt so viele verschiedene Gegenstände (siehe Vorbereitung) wie Schüler in der Klasse sind
- zwei Beutel

Das bereiten Sie vor

Stellen Sie die Gegenstände zusammen: Es müssen immer zwei Gegenstände zusammengehören (z. B. Messer und Gabel, Apfel und Birne, Matheheft und Mathebuch, Zahnbürste und Zahnpasta usw.). Geben Sie den einen Gegenstand in den ersten Stoffbeutel, den anderen in den zweiten Stoffbeutel.

So geht es

① Setzen Sie sich mit den Kindern in einen Stuhlkreis.

② Breiten Sie die Gegenstände aus Stoffbeutel 1 auf dem Boden im Kreis aus.

③ Besprechen Sie mit den Schülern, um welche Gegenstände es sich handelt und wozu man diese benötigt.

④ Bitten Sie Ihren linken Nachbarn, die Augen zu schließen. Nun legen Sie ihm einen Gegenstand aus Stoffbeutel 2 in die Hand.

⑤ Der Schüler befühlt den Gegenstand, sagt, wie er sich anfühlt, und stellt eine Vermutung an, um welchen Gegenstand es sich handelt. Errät er den Gegenstand, öffnet er die Augen und sucht das passende Gegenstück. Dann sagt er, warum die beiden Gegenstände zusammengehören, und legt seinen Gegenstand zum Gegenstand im Kreis.

⑥ Nun ist der nächste Schüler dran.

⑦ Damit es für den letzten Schüler auch noch spannend bleibt, sollte dieser zuerst eine Vermutung abgeben, welchen Gegenstand er in die Hand gelegt bekommen wird.

⑧ Das Spiel ist beendet, wenn alle Schüler einen Gegenstand in der Hand gehalten haben und einen Partner dazu fanden.

Was gehört zusammen?

37

Variante

Sie können das Spiel auch andersherum spielen: Legen Sie alle Gegenstände durcheinander in der Mitte aus. Bitten Sie die Schüler, nacheinander Paare zu bilden („Gegenstand 1 und Gegenstand 2 gehören zusammen, weil ..."). Anschließend werden die Gegenstände zur Seite gelegt. Dies geht so lange, bis alle Paare gefunden wurden und keine Gegenstände mehr da sind. Bei dieser Variante können Sie die Schwierigkeit erhöhen, indem Sie nicht nur Gegenstandspaare, sondern auch vereinzelt Dreier- oder Vierergruppen bilden.

Nomen Adjektiv Verb

38

Rückenmalerei

Thema:
Nomen und Artikel

Zielgruppe:
Anfänger ohne Lesekenntnisse

Ziel:
Schüler benennen einfache Gegenstände mit Artikel

Ort:
Klassenzimmer

Dauer:
1–2 Minuten pro Spielrunde

Sozialform:
Klein- oder Großgruppe

Material:
Tafel und Kreide

So geht es

① Fordern Sie die Kinder auf, Paare zu bilden und sich nebeneinander zu setzen.

② Schüler 1 setzt sich mit dem Rücken zur Tafel oder schließt die Augen, während Sie ein Bild eines Gegenstandes (z. B. Apfel, Gabel, Herz, Mond, Sonne, etc.) an die Tafel malen. Schüler 2 schaut sich Ihr Bild an.

③ Schüler 2 malt Schüler 1 den Gegenstand auf den Rücken.

④ Schüler 1 errät den Gegenstand. Dann setzen sich beide wieder mit dem Gesicht zur Tafel hin.

⑤ Fragen Sie bei den Schülern nach, um welchen Gegenstand (mit Artikel) es sich handelte und woran sie ihn erkannt haben.

⑥ Nun tauschen die Schüler die Rollen. Malen Sie einen neuen Gegenstand an die Tafel. Sie können beliebig viele Runden durchführen.

Differenzierung

Einfach zu zeichnende Gegenstände für Deutschanfänger sind: Sonne, Mond, Apfel, Birne, Herz, …

Präpositionen-Schlafkönig

39

Das bereiten Sie vor

Stellen Sie die Gegenstände bereit.

So geht es

① Wählen Sie drei Schüler aus, die sich vor die Tafel stellen.

② Geben Sie jedem Schüler einen Gegenstand in die Hand.

③ Fordern Sie alle anderen Schüler auf, sich mit dem Oberkörper auf den Tisch zu legen und die Augen zu schließen. Rufen Sie „Einschlafen".

④ Die drei Schüler schleichen durch das Klassenzimmer und verstecken ihre Gegenstände. Anschließend stellen sie sich wieder vor der Tafel auf und rufen „Aufwachen".

⑤ Die übrigen Schüler schauen sich im Klassenzimmer um, bleiben aber an ihren Plätzen sitzen.

⑥ Der erste Schüler, der einen Gegenstand versteckt hat, sagt: „Ich habe … (z. B. den Würfel) versteckt."

⑦ Nun dürfen die übrigen Schüler nach dem Verbleib des Würfels fragen: „Ist der Würfel im Lehrertisch?" Der erste Schüler darf insgesamt drei andere Schüler drannehmen. Wird der Aufenthaltsort erraten, darf der Schüler, der ihn erraten hat, den Würfel aus dem Versteck holen und sich an die Stelle des Schülers, der ihn versteckt hat, stellen. Der Schüler, der den Würfel versteckt hat, setzt sich wieder. Wird der Aufenthaltsort nicht erraten, holt den Gegenstand der Schüler, der ihn versteckt hat, gibt ihn bei Ihnen ab und setzt sich.

⑧ Wenn alle drei Gegenstände gefunden/zurückgebracht wurden, beginnt die nächste Runde. Eventuell müssen Sie dazu neue Kinder bestimmen, die verstecken dürfen.

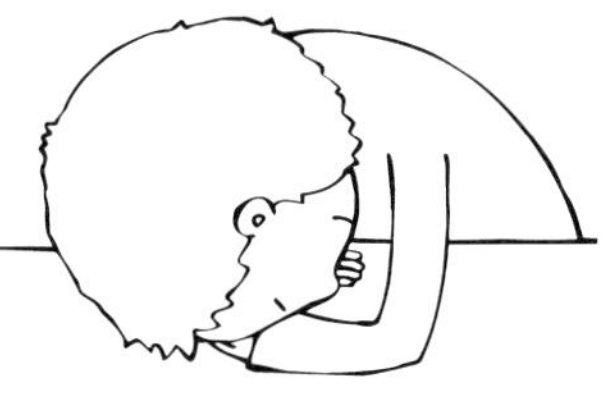

Thema:
Präpositionen

Zielgruppe:
Anfänger ohne Lesekenntnisse

Ziel:
Schüler bilden Sätze mit Präpositionen

Ort:
Klassenzimmer

Dauer:
5–10 Minuten

Sozialform:
Großgruppe

Material:
drei kleine Gegenstände, z. B. ein Würfel, ein Stofftier, ein Bleistift

40

Chaos-Spiel

Thema:
Wortarten

Zielgruppe:
Fortgeschrittene mit Lesekenntnissen (ab Klasse 3)

Ziel:
Schüler bestimmen Wortarten

Ort:
Klassenzimmer oder Turnhalle

Dauer:
15–20 Minuten

Sozialform:
Großgruppe

Material:
- KV Chaos-Spiel-Brettspielvorlage (S. 97)
- KV Chaos-Spiel-Karten (S. 98)
- pro Gruppe (max. 4 Schüler) 1 Spielfigur
- Würfel, Schere und durchsichtiges Klebeband

Das bereiten Sie vor

① Kopieren Sie die Brettspielvorlage.

② Kopieren Sie die Spielkarten-Vorlage zweimal. Schneiden Sie eine Vorlage auseinander.

③ Legen Sie die Brettspielvorlage, die Spielfiguren, den Würfel und die nicht zerschnittene Kartenvorlage bereit.

④ Verteilen Sie die ausgeschnittenen Karten im Klassenzimmer. Legen Sie sie z. B. auf das Fensterbrett, in ein Regal, auf einen Tisch und befestigen sie andere mit Tesafilm z. B. an der Tür, an der Tafel, am Waschbecken usw.

So geht es

① Fordern Sie die Schüler auf, Gruppen zu bilden (2–4 Schüler pro Gruppe).

② Bitten Sie nacheinander einen Schüler pro Gruppe zu sich. Dieser sucht eine Spielfigur für die Gruppe aus und würfelt. Setzen Sie die Spielfigur auf die jeweilige Zahl auf der Brettspielvorlage und schicken Sie den Schüler in seine Gruppe zurück. Der Schüler merkt sich die gewürfelte Zahl.

③ Wenn alle Gruppen gewürfelt haben, geben Sie das Startkommando „Los".

④ Nun laufen die Schüler durch das Klassenzimmer und suchen die Karte mit der Nummer, die der Zahl auf der Brettspielvorlage, auf der ihre Figur steht, entspricht. Die Schüler lesen das Wort auf der Karte, bestimmen in der Gruppe die Wortart und rennen zu Ihnen.

⑤ Die Schüler nennen Ihnen die Nummer, das Wort und die Wortart (z. B. „Nr. 6: suchen – suchen ist ein Verb/ Tunwort"). Wenn die Antwort richtig ist, würfeln die Schüler erneut und ziehen ihre Figur weiter. Die neue Zahl auf dem Spielfeld entspricht der Kartennummer, die die Schüler nun suchen müssen (z. B. Die Figur stand auf „6".

Chaos-Spiel

40

Nun wird eine „5" gewürfelt. Die Schüler ziehen die Figur auf „11" und suchen die Karte mit der Nummer 11.).

⑥ Das Spiel ist beendet, wenn die erste Gruppe das Zielfeld erreicht oder überschritten hat.

Varianten

Schreiben Sie eigene Karten zum aktuellen Lernstoff, z. B.:

- Verben in verschiedenen Zeitformen → die Schüler bestimmen die Zeitformen
- Bildkarten oder Wörter → die Schüler benennen das Wort und bestimmen den Artikel

41

Postspiel

Thema:
Wortarten

Zielgruppe:
Fortgeschrittene mit Lesekenntnissen (ab Klasse 3)

Ziel:
Schüler bestimmen Wortarten

Ort:
Turnhalle oder Pausenhof

Dauer:
5–10 Minuten

Sozialform:
Großgruppe

Material:
- 2 x Kartensatz der „KV Chaos-Spiel-Karten", in 2 Farben
- 3 Körbe, Kartons etc.
- 3 Papierschilder, die an die Körbe geklebt oder davor gestellt werden

Das bereiten Sie vor

① Kopieren Sie die „KV Chaos-Spiel-Karten" zweimal auf farbiges Papier, jeweils einmal in einer Farbe.

② Schneiden Sie die Karten auseinander und sortieren Sie sie nach Farben.

③ Beschriften Sie die Schilder (Verben, Nomen, Adjektive bzw. Tunwörter, Namenwörter, Wiewörter) und kleben Sie diese auf die Kartons bzw. stellen Sie sie davor.

④ Stellen Sie die Körbe an eine Wandseite der/des Turnhalle/Pausenhofs, weit auseinander.

So geht es

① Teilen Sie die Klasse in zwei Mannschaften. Jede Mannschaft bildet eine Reihe.

② Legen Sie beide Kartenstapel in die Mitte der Turnhalle, weit auseinander, aber auf derselben Höhe.

③ Auf Ihr Kommando „Los" laufen die ersten beiden Schüler aus den Mannschaften zu den Kartenstapeln, nehmen die oberste Karte, lesen das Wort auf der Karte und bestimmen für sich die Wortart. Je nach Wortart laufen sie nun zu den Kartons und legen die Karte im passenden Karton ab. Anschließend laufen sie zur Mannschaft zurück und klatschen ab.

④ Sobald der nächste Schüler abgeklatscht wurde, läuft dieser los.

⑤ Das Spiel ist beendet, wenn die erste Mannschaft alle Karten verteilt hat. Dafür erhält sie einen Punkt.

⑥ Setzen Sie sich mit allen Schülern zusammen und überprüfen Sie, ob die Mannschaften richtig sortiert haben. Wer hier mehr Wörter richtig sortiert hat, bekommt ebenfalls einen Punkt. Gewonnen hat die Mannschaft, die am Ende mehr Punkte hat.

Bewegungsspiele zu

einfachen Sätzen und Satzstrukturen

Allgemeine Tipps

Neben dem Wortschatz, der in Kapitel 1 Thema war, und den Wortarten aus Kapitel 2 sind einfache Sätze und Satzstrukturen wichtig, um sich verständigen zu können.

Für Anfänger sind Floskeln des alltäglichen Umgangs wichtig, z. B.:

- „Hallo" und „Tschüss"
- „Ja, bitte" und „Nein, danke"

Fortgeschrittene Lerner bilden Nebensätze

- mit „weil" oder
- mit „wenn, ... dann"

Wollknäuel-Spiel

42

So geht es

① Setzen Sie sich mit den Schülern in einen Stuhlkreis.

② Nehmen Sie das Wollknäuel in die Hand, wickeln Sie etwas Wolle ab und sagen Sie: „Ich heiße … (z. B. Frau Müller)."

③ Halten Sie das Fadenende fest, werfen Sie das Wollknäuel einem Schüler zu und fragen ihn dabei: „Und wie heißt du?"

④ Der Schüler fängt das Wollknäuel auf und sagt: „Ich heiße … (z. B. Erkan)."

⑤ Dann wickelt er etwas Wolle ab, hält den Faden fest, wirft das Wollknäuel weiter und fragt: „Und wie heißt du?"

⑥ Die Hinrunde ist beendet, wenn alle Schüler an die Reihe gekommen sind und ein Spinnennetz gespannt ist.

⑦ Nun startet die Rückrunde. Der Schüler, der zuletzt die Wolle gefangen hat und sie noch in der Hand hält, sagt: „Ich heiße … (z. B. Emir). Und du heißt … (z. B. Erkan)." Er wirft demjenigen Schüler, von dem er das Wollknäuel erhalten hat, das Wollknäuel zurück.

⑧ Dieser Schüler wickelt es ein Stück auf und sagt: „Stimmt, ich heiße Erkan." Danach wirft er es seinem Vorgänger aus der Vorrunde zu und sagt: „Und du heißt … (z. B. Ecce)."

⑨ Das Spiel ist beendet, wenn das Wollknäuel wieder aufgerollt bei Ihnen angekommen ist.

Varianten

Sie können mit diesem Spiel auch andere Phrasen üben, z. B.:

- Wo wohnst du? – Ich wohne … (z. B. im Rosenweg)
- Wie alt bist du? – Ich bin … (z. B. 8 Jahre alt)
- Woher kommst du? – Ich komme … (z. B. aus Syrien)

Thema:
Phrasen des Alltags

Zielgruppe:
Anfänger ohne Lesekenntnisse

Ziel:
Schüler prägen sich wichtige Phrasen wie „Wie heißt du?" – „Ich heiße …" ein

Ort:
Klassenzimmer

Dauer:
10–15 Minuten (je nach Gruppengröße)

Sozialform:
Klein- oder Großgruppe

Material:
ein Wollknäuel

43

Samurai-Spiel

Thema:
Begrüßungen und Verabschiedungen

Zielgruppe:
Anfänger ohne Lesekenntnisse

Ziel:
Schüler lernen und festigen Begrüßungen und Verabschiedungen

Ort:
Schulhof oder Turnhalle

Dauer:
5–10 Minuten

Sozialform:
Großgruppe

Material:
–

So geht es

① Üben Sie mit den Schülern folgende Begrüßungen bzw. Verabschiedungen:

Guten Tag = verbeugen
Hallo = Hand zum Gruß heben
Tschüss = winken

Es sind folgende Regeln zu beachten:

- „Guten Tag" schlägt „Hallo"
- „Hallo" schlägt „Tschüss"
- „Tschüss" schlägt „Guten Tag"

② Teilen Sie die Klasse in zwei Mannschaften. Jedes Team entscheidet sich dann für eine Begrüßung bzw. Verabschiedung in dieser Runde.

③ Anschließend stellen sich die Mannschaften einander gegenüber, jeweils 2 Meter von der Mittellinie der Halle entfernt, auf.

④ Auf Ihr Kommando „Los" begrüßen bzw. verabschieden sich beide Mannschaften. Die Schüler nennen die Begrüßung/Verabschiedung, die sie in der Mannschaft ausgewählt haben, und machen dazu die passende Bewegung. Die Mannschaft, die geschlagen wird, rennt zum Ende ihrer Hallenseite. Die Gewinner-Mannschaft rennt hinterher und versucht, möglichst viele Schüler zu fangen. Gefangene Schüler wechseln in die Gewinner-Mannschaft.

⑤ Anschließend kehren die Mannschaften zurück, beraten sich erneut, stellen sich an die Mittellinie und warten auf Ihr Startkommando.

⑥ Das Spiel ist beendet, wenn es nur noch eine Mannschaft gibt.

12-Uhr-Spiel

44

So geht es

① Teilen Sie die Klasse in zwei gleichgroße Mannschaften ein.

② Mannschaft A kommt zusammen und bestimmt im Stillen einen Schüler, der „12 Uhr" sagt, anschließend stellt sie sich an der Mittellinie der Turnhalle auf.

③ Mannschaft B kommt zusammen und bestimmt einen Schüler, der zu Mannschaft A geht (Zeitwächter).

④ Jedes Kind aus Mannschaft A streckt eine Hand (Handfläche nach oben) nach vorn. Der Zeitwächter (aus Mannschaft B) geht zu einem Kind aus Mannschaft A, fragt „Wie viel Uhr ist es?" und schlägt dem Kind sanft auf die Hand. Wurde das Kind von seiner Mannschaft nicht ausgewählt, sagt es eine andere Uhrzeit als 12 Uhr, z. B. „Es ist 10 Uhr". In diesem Fall geht der Zeitwächter zu einem anderen Kind und fragt wieder „Wieviel Uhr ist es?" Trifft er auf das zuvor ausgewählte Kind, sagt dieses „Es ist 12 Uhr" und versucht, den Zeitwächter, der zum anderen Hallenende läuft, zu fangen.

⑤ Kann das Kind den Zeitwächter fangen, gehört dieser von nun an zu Mannschaft A. Kann das Kind den Zeitwächter nicht fangen, gehören nun beide zu Mannschaft B.

⑥ Das Spiel ist zu Ende, wenn es nur noch eine Mannschaft gibt.

Thema:
Uhrzeit

Zielgruppe:
Anfänger ohne Lesekenntnisse

Ziel:
Schüler können nach der Uhrzeit fragen und die Frage beantworten

Ort:
Turnhalle

Dauer:
5–10 Minuten

Sozialform:
Großgruppe

Material:
–

45

Wer hat die Kekse aus der Dose geklaut?

Thema:
Einfache Sätze

Zielgruppe:
Anfänger ohne Lesekenntnisse

Ziel:
Schüler üben einfache Sätze

Ort:
Klassenzimmer

Dauer:
5–10 Minuten

Sozialform:
Großgruppe

Material:
–

So geht es

① Stellen Sie sich mit den Schülern in einen Stehkreis.

② Sprechen Sie mit den Schülern folgende Sätze rhythmisch:
Sie/Schüler: „Mehmet hat die Kekse aus der Dose geklaut."
Mehmet: „Wer, ich?"
Alle: „Ja, du."
Mehmet: „Niemals."
Alle: „Wer dann?"
Mehmet: „Ermine hat die Kekse aus der Dose geklaut."
Ermine: „Wer, ich?"
usw.
Wer „verdächtigt" wurde, setzt sich hin.

③ Die Runde ist zu Ende, wenn alle sitzen.

④ Spielen Sie das Spiel auch mit einem oder mehreren der folgenden Sätze oder denken Sie sich mit den Schülern eigene Sätze aus:
„Wer hat heute Morgen den Bus verpasst?"
„Wer hat zum Frühstück ein Brot gegessen?"
„Wer hat zwei verschiedene Socken an?"
usw.

Magst du Kartoffeln?

So geht es

Das Spiel funktioniert wie „Komm' mit, lauf' weg", „Ente, Ente, Gans" oder „Der Plumpsack geht um".

① Bilden Sie mit den Schülern einen großen Stehkreis. Jeder sollte noch einmal einen Schritt nach hinten gehen, um den Kreis zu erweitern.

② Wählen Sie einen Schüler aus, der um den Kreis herum geht. Er tippt verschiedene Schüler an, die ihm eine Frage, die mit „Magst du ...?" beginnt, stellen, z. B. „Magst du Erbsen?

③ Antwortet der Schüler mit „nein", passiert nichts. Er geht zum nächsten Schüler weiter.
Antwortet der Schüler mit „ja", rennt er los und versucht, den Kreis einmal zu umrunden. Der angetippte Schüler verfolgt ihn und versucht, ihn zu fangen, bevor er sich an die freigewordene Stelle setzen kann.

④ Auch wenn der „Antipper" gefangen wurde, setzt er sich an die freigewordene Stelle. Nun ist der angetippte Schüler dran.

⑤ Das Spiel ist beendet, wenn alle Schüler sitzen.

Thema:
Vorlieben

Zielgruppe:
Anfänger und Fortgeschrittene ohne Lesekenntnisse

Ziel:
Schüler stellen Fragen nach Vorlieben

Ort:
Schulhof oder Turnhalle

Dauer:
10–15 Minuten

Sozialform:
Großgruppe

Material:
–

47

Ja, bitte – nein, danke!

Thema:
„Ja, bitte" und „Nein, danke"

Zielgruppe:
Anfänger ohne Lesekenntnisse

Ziel:
Schüler lernen die Floskeln „Ja, bitte" und „Nein, danke"

Ort:
Klassenzimmer

Dauer:
5–10 Minuten

Sozialform:
Großgruppe

Material:
Eine Flasche oder ein weicher Ball

So geht es

① Stellen Sie sich mit den Schülern in einen Stehkreis.

② Beginnen Sie und stellen Sie eine Frage (je alberner, desto besser), z. B. „Isst du gern Nudeln mit Regenwürmern?" oder „Hättest du gern Spaghetti-Haare?"

③ Drehen Sie die Flasche auf dem Boden oder werfen Sie den Ball einem Kind zu.

④ Das Kind, auf das die Flasche zeigt, bzw. das den Ball fängt, antwortet mit „Ja, bitte" oder „Nein, danke".

⑤ Nun stellt dieses Kind eine Frage und dreht die Flasche bzw. wirft den Ball.

Variante

Wenn es Ihnen wichtig ist, dass alle Schüler gleichmäßig dran kommen, bitten Sie die Schüler, sich nach einem Beitrag hinzusetzen. Sie können dann mehrere Runden spielen, in denen alle Schüler mehrfach an die Reihe kommen.

Nebensätze-Schneeballschlacht

48

Das bereiten Sie vor

Stellen Sie die kleinen Zettel zur Verfügung.

So geht es

① Verteilen Sie die Zettel.

② Geben Sie eine Konjunktion vor, z. B. „wenn"/„obwohl"/„weil".

③ Fordern Sie die Schüler auf, einen Nebensatz auf ihren Zettel zu schreiben, der mit dieser Konjunktion beginnt, z. B.:
Wenn heute keine Schule wäre, …
Obwohl es draußen heiß ist, …
Weil es heute regnet, …

④ Wer seinen Nebensatz aufgeschrieben hat, zerknüllt seinen Zettel, so dass dieser wie ein Schneeball aussieht.

⑤ Teilen Sie die Schüler in zwei gleich große Gruppen ein, die sich an zwei gegenüberliegenden Wänden im Klassenzimmer aufstellen. Sollten Sie eine ungerade Schülerzahl haben, spielen Sie mit.

⑥ Geben Sie das Kommando „Los". Die Schüler werfen ihren Schneeball auf die andere Seite und fangen selbst einen Schneeball auf.

⑦ Bitten Sie die Schüler, der Reihe nach ihren Schneeball-Nebensatz vorzulesen und ihn zu beenden, z. B.: Auf dem Schneeballzettel, der gefangen wurde, steht: „Wenn heute keine Schule wäre, …". Der Schüler liest den Satz vor und beendet ihn: „Wenn heute keine Schule wäre, würde ich ins Freibad gehen."

Die Runde ist beendet, wenn alle Schneeball-Zettel vorgelesen und die Sätze beendet wurden.
Je nach vorhandener Zeit können Sie mehrere Runden hintereinander spielen.

Thema:
Nebensätze

Zielgruppe:
Fortgeschrittene Lerner (ab Klasse 3)

Ziel:
Schüler bilden Satzgefüge

Ort:
Klassenzimmer

Dauer:
3–5 Minuten pro Runde

Sozialform:
Großgruppe

Material:
- pro Schüler und Runde 1 kleiner Zettel
- pro Schüler ein Stift

49

Andocken

Thema:
Nebensätze mit „weil“

Zielgruppe:
Fortgeschrittene Lerner (ab Klasse 3)

Ziel:
Schüler bilden Nebensätze mit „weil“

Ort:
Klassenzimmer

Dauer:
5–10 Minuten

Sozialform:
Großgruppe

Material:
–

So geht es

① Wählen Sie einen Schüler, der zu Ihnen nach vorn kommt.

② Der ausgewählte Schüler formuliert einen Satz, der mit einem „weil“-Nebensatz weitergeführt wird (z. B. „Ich bin traurig, weil …“).

③ Der erste Schüler, der den Satz weiterführen kann, meldet sich und nennt, wenn er vom ersten Schüler aufgerufen wurde, seinen Nebensatz, z. B. „…, weil mein Lieblingsfußballverein verloren hat“. Anschließend „dockt“ er an, d. h. er stellt sich neben den ausgewählten Schüler.

④ Nun ist der Schüler, der angedockt hat, an der Reihe, einen Satz zu beginnen, der mit „weil“ weitergeführt werden kann.

⑤ Das Spiel ist beendet, wenn kein Schüler mehr auf seinem Platz sitzt.

Variante

Sie können das Spiel natürlich auch mit anderen Konjunktionen spielen, z. B.:
dass: „Ich finde gut, dass …“
wenn: „Ich freue mich, wenn …“.

Differenzierung

Erleichtern können Sie das Spiel, wenn Sie im Vorfeld mit den Schülern Satzanfänge suchen und diese an die Tafel schreiben, z. B.:
„Ich bin fröhlich, weil …“
„Ich bin traurig, weil …“
„Ich freue mich auf heute Nachmittag, weil …“
„Ich mag XY besonders gern, weil …“

Wenn ich zaubern könnte ...

50

So geht es

① Stellen Sie sich mit den Kindern in einen Stehkreis.

② Beginnen Sie: „Wenn ich zaubern könnte, dann ... (z. B. wäre ich eine Tänzerin)“ und drehen Sie sich einmal um sich selbst (als typische Bewegung).

③ Das Kind, das links neben Ihnen steht, wiederholt Ihren Satz sowie Ihre Bewegung und formuliert einen eigenen Satz mit eigener Bewegung:
„Wenn Sie zaubern könnten, wären Sie eine Tänzerin. Wenn ich zaubern könnte, wäre ich ein Huhn.“ Der Schüler gackert und „flattert“ mit den Armen.
Es ist zu beachten, dass nicht nur die Sätze, sondern auch alle Bewegungen wiederholt werden. Und so weiter.

④ Das Spiel ist beendet, wenn die Reihe wieder an Ihnen wäre. Alternativ können Sie auch, bei einer großen Anzahl von Spielern, ab der Hälfte die Reihe neu beginnen lassen.

Variante

Sie können das Spiel auch mit anderen Sätzen wie diesen üben:
„Wenn ich groß bin, dann werde ich ...“
„Wenn ich Ferien habe, dann ...“
„Wenn ich Geburtstag habe, dann ...“
„Wenn ich reich wäre, dann ...“

Thema:
„Wenn-dann“-Konstruktionen

Zielgruppe:
Fortgeschrittene Lerner (ab Klasse 3)

Ziel:
Schüler formulieren Sätze mit „Wenn-dann“-Konstruktionen

Ort:
Klassenzimmer

Dauer:
10–15 Minuten

Sozialform:
Großgruppe

Material:
–

Anhang

Seite 11: **Obst- und Gemüse-Bildkarten**

Abb.: Anja Boretzki  | Abb.: Anja Boretzki 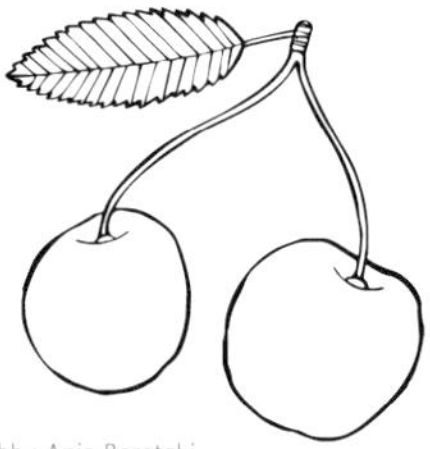 | Abb.: Anja Boretzki  | Abb.: Anja Boretzki

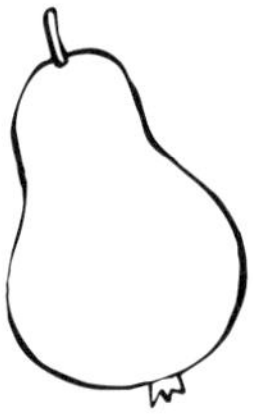

Abb.: Anja Boretzki 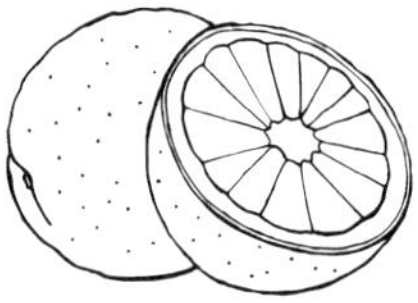 | Abb.: Anja Boretzki 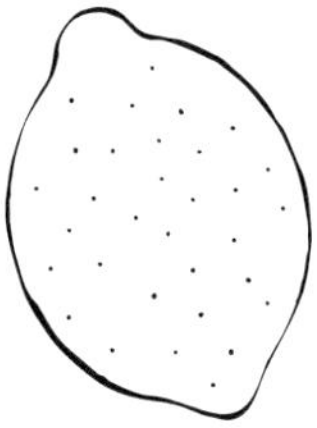 | Abb.: Anja Boretzki 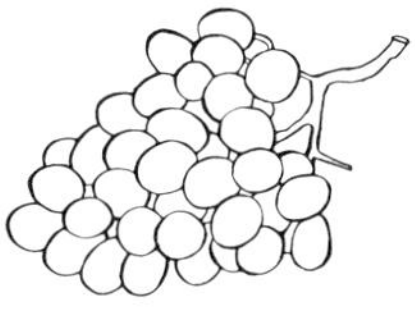 | Abb.: Anja Boretzki

Abb.: Anja Boretzki 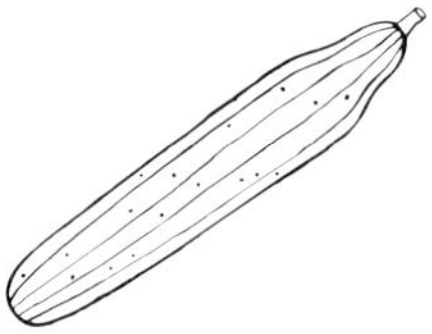 | Abb.: Anja Boretzki  | Abb.: Anja Boretzki  | Abb.: Anja Boretzki

Abb.: Anja Boretzki 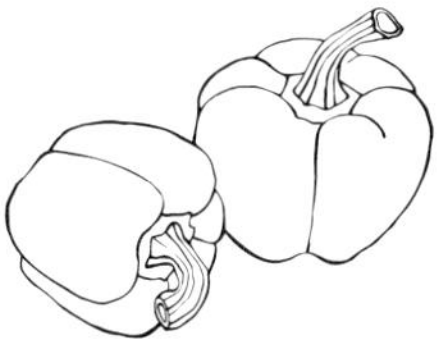 | Abb.: Anja Boretzki  | Abb.: Anja Boretzki  | Abb.: Anja Boretzki

Seite 13: **Familie Meier-Bildkarten**

Abb.: Anja Boretzki

Abb.: Anja Boretzki

Abb.: Anja Boretzki

Abb.: Anja Boretzki

Abb.: Anja Boretzki

Abb.: Anja Boretzki

Seite 13: **Familie Meier-Geschichte**

Es ist Sonntag. Alle schlafen: die Mutter, der Vater, der Opa, die Oma, der Sohn und die Tochter. Der Wecker klingelt. Zuerst wird die Mutter wach. Sie räkelt sich und denkt: Ich mache mir gleich einen Kaffee und esse ein leckeres Brötchen. Dann wacht der Vater auf und sagt: „Guten Morgen, Mutter. Hast du gut geschlafen?" Die Mutter antwortet: „Danke, Vater, ich habe sehr gut geschlafen. Lass' uns frühstücken gehen."

Als Vater und Mutter in die Küche kommen, sitzen Oma und Opa schon am Tisch. Der Opa sagt: „Guten Morgen." Die Oma sagt: „Guten Morgen." Vater und Mutter sagen: „Guten Morgen." „Wo sind der Sohn und die Tochter?" fragt die Mutter. Die Oma antwortet: „Der Sohn schläft noch. Die Tochter ist im Badezimmer." Der Vater nimmt sich die Zeitung und setzt sich an den Tisch. Die Mutter kocht einen Kaffee.

Nach zehn Minuten kommt auch die Tochter. Sie begrüßt Vater, Mutter, Opa und Oma: „Guten Morgen, liebe Familie." Die Oma meint: „Jetzt fehlt nur noch der Sohn, dann ist die Familie vollständig." Die Tochter ruft: „Ich gehe ihn holen." Als der Sohn verschlafen in die Küche kommt, rufen Oma, Opa, Mutter, Vater und Tochter: „Guten Morgen, Sohn." Nun ist die ganze Familie wach. Der Sonntag kann beginnen.

Seite 15: **Tiere tauschen-Karten**

Abb.: Anja Boretzki  Abb.: Anja Boretzki  Abb.: Anja Boretzki  Abb.: Anja Boretzki

Abb.: Anja Boretzki  Abb.: Anja Boretzki  Abb.: Anja Boretzki  Abb.: Anja Boretzki

Abb.: Anja Boretzki  Abb.: Anja Boretzki  Abb.: Anja Boretzki  Abb.: Anja Boretzki

Abb.: Anja Boretzki  Abb.: Anja Boretzki  Abb.: Anja Boretzki  Abb.: Anja Boretzki

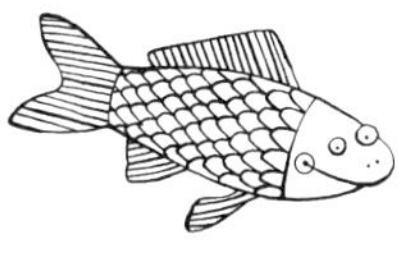

Abb.: Anja Boretzki  Abb.: Anja Boretzki  Abb.: Anja Boretzki  Abb.: Anja Boretzki

Seite 17: **Gefühle-Rap**

Wie geht es dir?
Mir geht es gut! (lächeln und einen Daumen nach vorn strecken)

Wie geht es dir?
Ich habe keinen Mut. (einen Schmollmund ziehen und mit einem Daumen nach unten zeigen)

Wie geht es dir?
Ich fürchte mich so sehr. (ängstlich gucken, die Hände vors Gesicht halten)

Wie geht es dir?
Ich fühle mich stark wie ein Bär. (sich aufrecht hinsetzen und die Muskeln zeigen)

Wie geht es dir?
Ich bin fröhlich und lache mich schief. (sich vor Lachen biegen)

Wie geht es dir?
Ich bin müde und schlafe fest und tief. (sich schlafend stellen)

Wie geht es dir?
Huch, was ist das? Ich bin erschrocken. (erschrocken gucken)

Wie geht es dir?
Ich bin verwirrt. Wo sind nur meine Socken?
(verwirrt blicken, suchend hin und her gucken)

Wie geht es dir?
Ich bin ja so verliebt. (verliebt gucken, eine Kusshand werfen)

Wie geht es dir?
Ich bin froh, dass es dich gibt. (jemanden freundlich angucken)

Wie geht es dir?
Mir ist so kalt. (frieren)

Wie geht es dir?
Ich mag nicht mehr und rufe laut „HALT!"

Seite 18: **Wetter-Massage**

- Draußen scheint die Sonne (mit den Händen über die Oberschenkel streichen).
- Dicke Wolken erscheinen am Himmel (mit den Händen in großen Kreisen über die Oberschenkel streichen).
- Plötzlich fallen einzelne Regentropfen aus den Wolken (mit zwei Fingern abwechselnd langsam die Oberschenkel leicht antippen).
- Der Regen wird stärker (mit allen Fingern der Hand zusammen die Oberschenkel kräftiger antippen).
- Der Regen prasselt auf die Erde (mit beiden Händen auf die Oberschenkel schlagen).
- Es donnert: bumm (einmal in die Hände klatschen).
- Es donnert: bumm (einmal in die Hände klatschen).
- Es donnert: bumm (einmal in die Hände klatschen).
- Der Regen prasselt auf die Erde (mit beiden Händen auf die Oberschenkel schlagen).
- Es regnet schwächer (mit allen Fingern der Hand zusammen die Oberschenkel kräftig antippen).
- Es fallen nur noch ein paar Regentropfen (mit zwei Fingern abwechselnd langsam die Oberschenkel leicht antippen).
- Die Wolken ziehen langsam weg (mit beiden Händen von den Oberschenkelinnenseiten weg langsam nach außen streichen).
- Die Sonne scheint wieder (mit beiden Händen über die Oberschenkel streichen).

Seite 20: **Bewegungsgeschichte „Tagesablauf“**

Es ist früh am Morgen. Max schläft noch (Schlafbewegung: Handflächen aneinander legen, Kopf auf die Hände legen).

Der Wecker klingelt. Max wacht auf. Er reckt und streckt sich und gähnt. (Bewegung: sich recken und strecken und gähnen).

Dann steht er auf (aufstehen) und zieht sich seine Hose an (in die Hose steigen).

Er schließt die Knöpfe seines Hemds (Knopfreihe zuknöpfen) und zieht den Pullover über (Pullover anziehen).

Dann setzt er sich an den Tisch (hinsetzen),
liest die Zeitung (Zeitung lesen)
und trinkt einen Kaffee (Tasse hochnehmen und trinken).

Er schaut auf die Uhr (auf die Armbanduhr schauen) und erschrickt (entsetzt gucken).

Er ist viel zu spät dran. Er springt auf (aufspringen) und rennt los (im Stehen rennen).

In letzter Sekunde erreicht er den Bus. Erleichtert lässt er sich auf den Sitz fallen (auf den Stuhl fallen lassen, „uff“ sagen und Schweiß von der Stirn wischen).

An der letzten Haltestelle steigt er aus und geht zur Arbeit (gehen).
Max ist Bademeister. Zuerst verkauft er Eintrittskarten (Eintrittskarten abreißen und jemandem reichen).

Es ist zwölf Uhr, Zeit zum Mittagessen. Max isst Müsli (Müsli löffeln).

Später steht er auf der Treppe und schaut, ob jemand Hilfe braucht (die Hand an den Kopf legen und herumschauen).

Seite 20: **Bewegungsgeschichte „Tagesablauf“**

Da braucht jemand seine Hilfe. Max rennt zum Beckenrand und springt ins Wasser (aufstehen, rennen, Kopfsprung imitieren und Schwimmbewegungen machen).

Als Max ankommt, merkt er, dass es nur spielende Kinder waren. Es ist ihm peinlich (peinlich gucken).

Zum Glück ist Max' Arbeitstag zu Ende. Er zieht sich eine Jacke an, geht zur Bushaltestelle und fährt mit dem Bus nach Hause (Jacke anziehen, laufen).

Zu Hause isst er ein Schnitzel mit Kartoffeln (schneiden, aufspießen, in den Mund stecken, kauen).

Dann setzt er sich auf sein Sofa und liest ein spannendes Buch (lesen).

Um zehn Uhr putzt er sich die Zähne (Zähne putzen).

Dann legt er sich ins Bett und schläft (schlafen und schnarchen).

Seite 34: **Stadtbummel im Klassenzimmer**

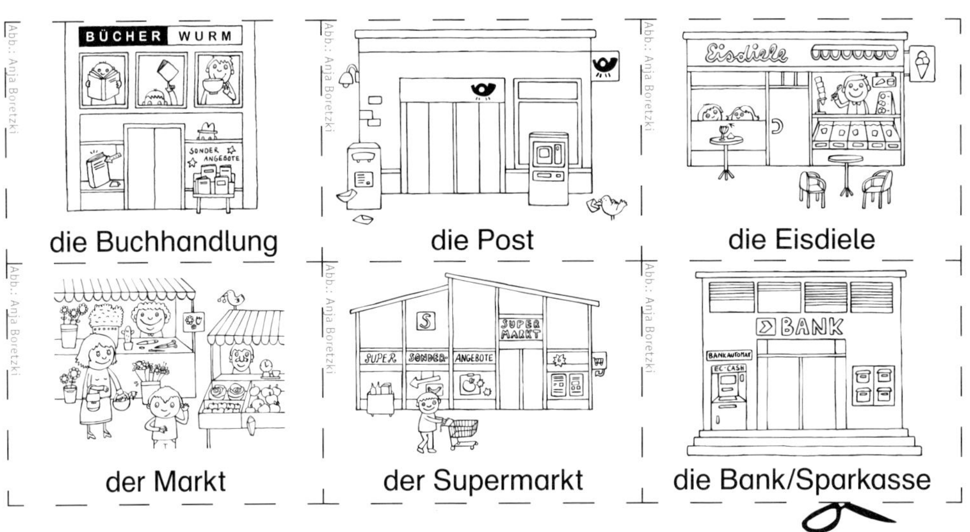

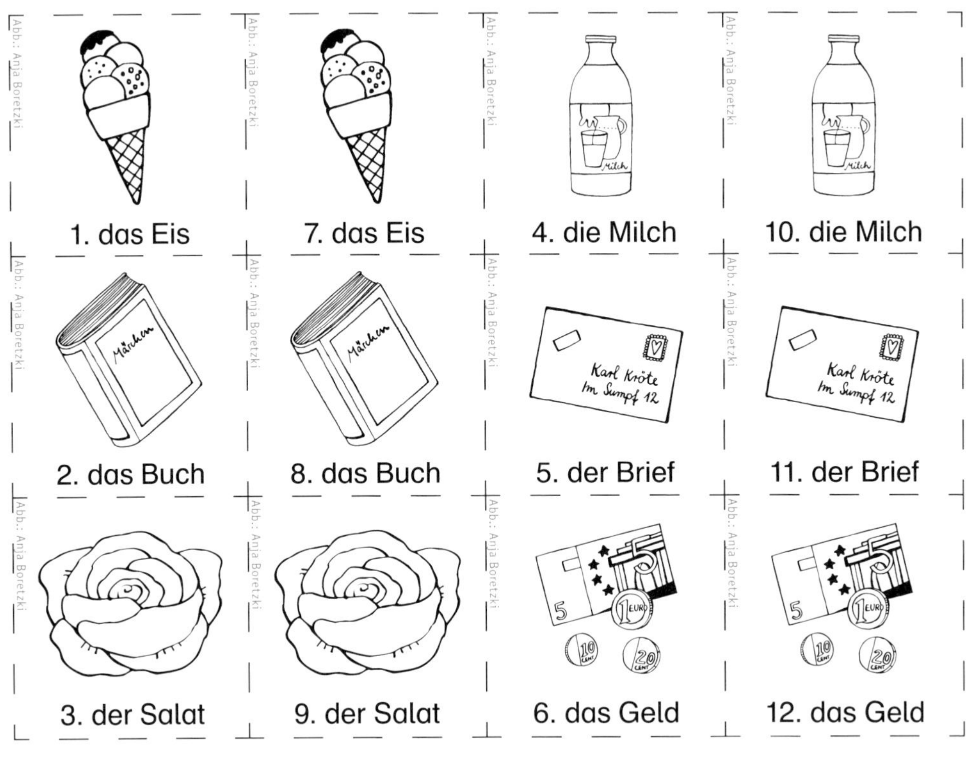

Seite 37: **Freunde einsammeln-Karten**

Wortfeld „sprechen“

reden	sprechen	sagen	antworten
flüstern	rufen	fragen	schreien

Wortfeld „gehen“

gehen	spazieren	hüpfen	marschieren
laufen	schleichen	stolpern	rennen

Wortfeld „Fahrzeuge“

Auto	Motorrad	Flugzeug	Schiff
Dreirad	Zug	LKW	Rollschuhe

Wortfeld „Lebensmittel“

Milch	Brot	Butter	Nudeln
Kartoffeln	Marmelade	Eis	Apfel

Seite 54: **Gegensatz-Staffellauf**

Start/ dick	dünn/ groß	klein/ alt	jung/ dumm
klug/ gerade	krumm/ oben	unten/ vorn	hinten/ früh
spät/ fröhlich	traurig/ reich	arm/ mutig	ängstlich/ Ende

Seite 56: **Drinnen- und Draußen-Forscher**

Name:

....

Ort:

....

Suche etwas, das …

hart ist:

....

weich ist:

....

neu ist:

....

alt ist:

....

farbig ist:

....

weiß ist:

....

schön ist:

....

klein ist:

....

Seite 59: **Partner finden**

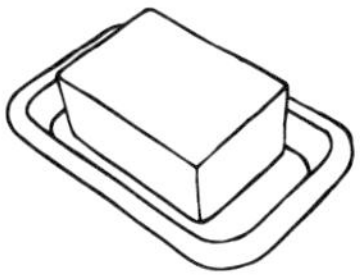

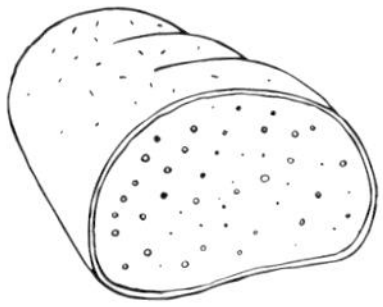

die Butter	das Brot	die Schule	das Buch
das Haus	die Tür	die Blume	der Topf
der Müll	der Eimer	die Sonne	die Brille
die Tasche	die Lampe	der Fuß	der Ball
das Telefon	die Nummer	der Löwe	der Zahn
der Regen	der Mantel	der Tee	die Kanne

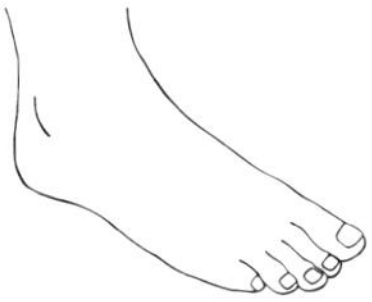

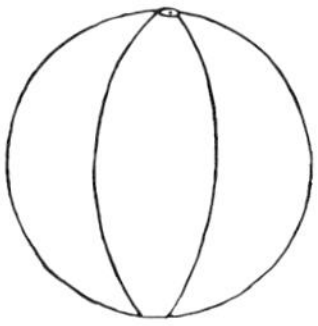

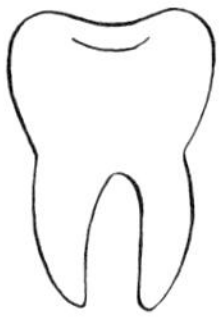

Seite 60: **Schleich-Pärchenspiel 1 (Einzahlwörter)**

der Apfel	das Haus	die Maus	der Schuh
die Banane	der Mann	die Frau	der Hase
das Glas	der Tisch	das Buch	die Jacke
der Junge	das Mädchen	das Ohr	der Ballon

Seite 60: **Schleich-Pärchenspiel 2 (Mehrzahlwörter)**

die Äpfel	die Häuser	die Mäuse	die Schuhe
die Bananen	die Männer	die Frauen	die Hasen
die Gläser	die Tische	die Bücher	die Jacken
die Jungen	die Mädchen	die Ohren	die Ballons

Seite 66: **Chaos-Spiel-Brettspielvorlage**

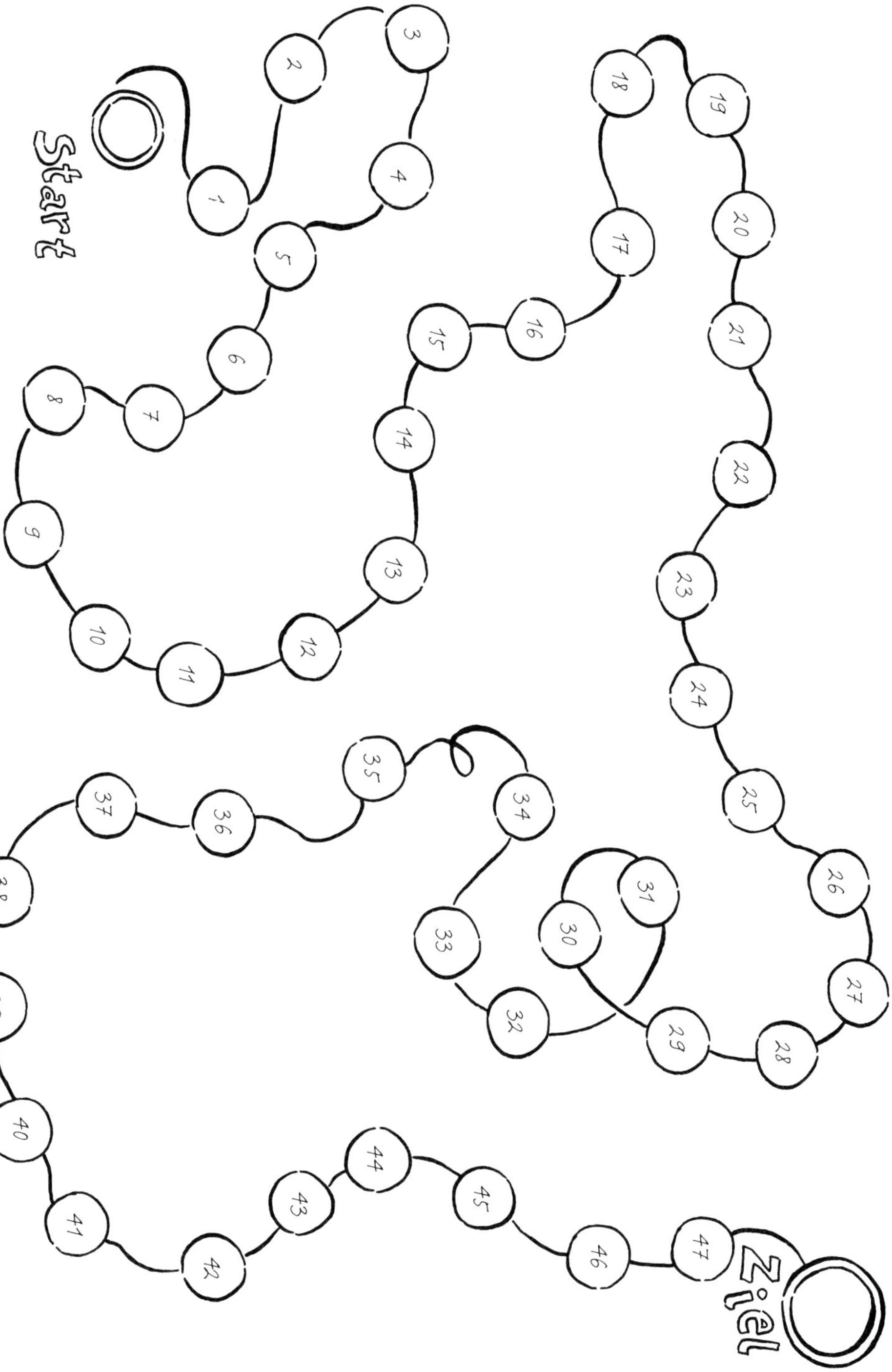

Seite 66: **Chaos-Spiel-Karten**

1. suchen	13. das Kind	25. seltsam	37. das Hochhaus
2. lachen	14. der Tisch	26. schlafen	38. die Katze
3. der Vogel	15. leicht	27. die Tablette	39. der Computer
4. schön	16. schwer	28. der Honig	40. liegen
5. traurig	17. fliegen	29. dunkel	41. spielen
6. das Haus	18. nehmen	30. hören	42. ruhig
7. die Schule	19. klettern	31. riechen	43. arm
8. der Morgen	20. ängstlich	32. der Regenschirm	44. der Arm
9. trinken	21. fröhlich	33. die Welt	45. nass
10. fragen	22. weit	34. neu	46. weich
11. hüpfen	23. die Milch	35. alt	47. hart
12. niedlich	24. der Stuhl	36. riesengroß	

Medientipps

Unterrichtshilfen und Kopiervorlagen

Belke, Gerlind:
Mehr Sprache(n) für alle.
Hohengehren: Schneider, 2012.

Dennison, Gail & Paul E.:
Brain-Gym für Kinder.
Kirchzarten: Vak-Verlag, 2007.

Doering, Sabine:
Mein Einzahl-Mehrzahl-Heft.
Mülheim an der Ruhr: Verlag an der Ruhr, 2016.

Ehrnsberger, Jörg:
Ratzfatz DaZ – 50 schnelle und unkomplizierte DaZ-Übungen Sprachförderung, für nicht alphabetisierte Kinder von 6 bis 10 Jahren.
Mülheim an der Ruhr: Verlag an der Ruhr, 2024.

Geffers, Andrea:
30 x DaZ: Einfache Grammatik für 45 Minuten, Fertige Stunden für Deutsch als Zweitsprache
Mülheim an der Ruhr: Verlag an der Ruhr, 2025.

Gerritzen, Karolin; Reschke, Jan:
30 x DaZ – Grammatik für 45 Minuten – Deutsch-Anfänger, Fertige Stunden für Deutsch als Zweitsprache
Mülheim an der Ruhr: Verlag an der Ruhr, 2016.

Hoffacker, Anna:
Mein Körper – differenzierte Arbeitsblätter für Deutsch-Anfänger.
Mülheim an der Ruhr: Verlag an der Ruhr, 2016.

Hoffacker, Anna:
Im Supermarkt – differenzierte Arbeitsblätter für Deutsch-Anfänger.
Mülheim an der Ruhr: Verlag an der Ruhr, 2016.

Medientipps

Hoffacker, Anna:
Kleidung & Wetter – differenzierte Arbeitsblätter für Deutsch-Anfänger.
Mülheim an der Ruhr: Verlag an der Ruhr, 2016.

Hoffacker, Anna:
In der Schule – Differenzierte Arbeitsblätter für Deutsch-Anfänger.
Mülheim an der Ruhr: Verlag an der Ruhr, 2016.

Hoffacker, Anna:
Mein Alphabetisierungs-Heft – Selbstständiges Lernen für Deutsch-Anfänger.
Mülheim an der Ruhr: Verlag an der Ruhr, ab Frühjahr 2017.

Kathary, Susanne:
DaZ-Unterricht mit Wimmelbildern: Alltagssituationen
Differenzierte Wortschatz- und Grammatik-Übungen.
Mülheim an der Ruhr: Verlag an der Ruhr, 2024.

Wilkening, Nina:
80 schnelle Spiele für die DaZ- und Sprachförderung.
Mülheim an der Ruhr: Verlag an der Ruhr, 2013.

Wilkening, Nina:
30 x DaZ für 45 Minuten – Klasse 1/2. Band 1 & Band 2.
Mülheim an der Ruhr: Verlag an der Ruhr, 2015/2023.

Wilkening, Nina:
30 x DaZ für 45 Minuten – Klasse 3/4.
Mülheim an der Ruhr: Verlag an der Ruhr, 2015/2023.

Bildkarten und Organisationshilfen

Bildkarten zur Sprachförderung.
(diverse Bildkartensets zum Grundwortschatz, zu Anlauten und Wortarten etc.)
Mülheim an der Ruhr: Verlag an der Ruhr.

Medientipps

Deutschlernen mit Bildern
(diverse Fotokartensets mit deutschen, englischen, z.T. französischen, arabischen, ukrainischen und rumänischen Begriffen)
Mülheim an der Ruhr: Verlag an der Ruhr.

Redaktionsteam Verlag an der Ruhr:
Was machen wir als Nächstes?
Mülheim an der Ruhr: Verlag an der Ruhr, 2012.

Redaktionsteam Verlag an der Ruhr:
Welchen Klassendienst hab ich?
Mülheim an der Ruhr: Verlag an der Ruhr, 2014.

Redaktionsteam Verlag an der Ruhr:
Alleine, mit dem Partner oder in der Gruppe?
Mülheim an der Ruhr: Verlag an der Ruhr, 2013.

Redaktionsteam Verlag an der Ruhr:
Das brauchst du!
Mülheim an der Ruhr: Verlag an der Ruhr, 2010.

Redaktionsteam Verlag an der Ruhr:
Der neue Universal-Kalender für Kita und Grundschule.
Mülheim an der Ruhr: Verlag an der Ruhr.

Redaktionsteam Verlag an der Ruhr:
Mir hat gut gefallen, dass ...
Mülheim an der Ruhr: Verlag an der Ruhr, 2013.

Medientipps

Internet

www.uni-due.de/prodaz/
Kompetenzzentrum der Universität Duisburg-Essen; mit vielen hilfreichen Tipps und Dokumenten zum Thema DaZ

https://publikationen.sachsen.de/bdb/artikel/14490
Niveaubeschreibungen DaZ

www.uni-due.de/prodaz/sprachbeschreibung.php
Sammlung verschiedener Sprachbeschreibungen

Notizen